PETIT MANUEL DE DÉSOBÉISSANCE CITOYENNE

www.editions-jclattes.fr

William Bourdon

PETIT MANUEL DE DÉSOBÉISSANCE CITOYENNE

JC Lattès

Ouvrage publié sous la direction éditoriale
de Muriel HEES

Maquette de couverture : atelier Didier Thimonier

ISBN : 978-2-7096-4620-8
© 2014, éditions Jean-Claude Lattès.
Première édition février 2014.

INTRODUCTION

Désobéissance civile, lanceurs d'alerte, indignés : ces vocables se sont mis à danser depuis quelques années dans les médias, l'espace public et parfois la salle d'audience. Il nous faut nous interroger sur les raisons de cette irruption brutale, inattendue.

Comme toujours, beaucoup s'en emparent et, mal inspirés, participent à la confusion, sinon à la manipulation. Mais désobéir est dans l'air du temps. Une série, intitulée *Les Rebelles*[1], a été récemment

---

1. Cette collection éditée par *Le Monde* et dirigée par Jean-Noël Jeanneney, présente en une dizaine de volumes «des voix qui se sont depuis toujours élevées et qui prêcheraient l'impatience et la colère, fustigeaient les accommodements et les démissions. Des voix qui croyaient au formidable pouvoir des mots pour éveiller les consciences». Cette série comporte notamment les volumes «Jean Moulin et les sentiers de la gloire», «Lucie Aubrac et l'armée des ombres»... Voir http://boutique.lemonde.fr/livres/les-rebelles.html

publiée. Elle rend hommage à ceux qui, par leur bravoure et leur vision, parfois au risque de leur vie, ont fait de leur histoire individuelle le terreau de la nôtre.

Le dernier ouvrage écrit par John Le Carré, *Une vérité si délicate*, a conduit des commentateurs à en faire un lanceur d'alerte. L'auteur lui-même se définit comme un guetteur. C'est de ces guetteurs dont nous allons parler, ce qui suppose d'abord une rapide promenade dans le temps.

Si Antigone en est naturellement la mère originelle, des millions d'anonymes en seront ensuite, pendant des siècles, les enfants. Tous ont en commun d'avoir bravé la loi existante, parfois appuyés par leur communauté, des groupements, des partis politiques, mais, le plus souvent, seuls.

Cette solitude est sans doute un des paradigmes du désobéissant, au moins au moment où il passe à l'acte, car il peut, sans s'y attendre, fédérer autour de son acte le plus grand nombre.

Les grands défricheurs de la désobéissance citoyenne, Étienne de La Boétie, Henry David Thoreau et Léon Tolstoï, n'ont pas eux-mêmes organisé d'actions collectives de résistance contre l'injustice des lois qu'ils dénonçaient. Ils ont eu cependant l'immense mérite de faire valoir l'idée que les hommes, s'ils le veulent, ont à chaque instant la capacité de s'opposer efficacement à ceux qui détiennent la puissance, le pouvoir et qui parfois les oppriment.

L'édifice d'un système politique qui prévaut dans une société repose tout entier sur la collaboration volontaire, résignée, fataliste, des femmes et des hommes qui la constituent.

Tout s'écroule si ces derniers décident de mettre fin à cette collaboration. Et quand le plus grand nombre conteste la légitimité d'un régime, ce n'est pas un lanceur d'alerte qui se lève, mais des millions.

Du droit de résister à la tyrannie au devoir de désobéir à un ordre manifestement illégal, jusqu'aux lanceurs d'alerte d'aujourd'hui, un fonds commun d'évidence subsiste, que nous explorerons. Nous dresserons aussi la cartographie des différentes figures des désobéissants, dont nous nous efforcerons de sonder la complexité des motivations.

Le patrimoine commun entre tous les désobéissants, c'est d'opposer la souveraineté primordiale des citoyens à celle des États et à celle des acteurs du marché. C'est cette souveraineté dont parlait John Locke au XVIIe siècle, l'un des tout premiers philosophes à en élaborer une théorie politique. Elle leur conférait un droit inaliénable de s'émanciper de la tutelle du pouvoir politique. Il s'opposait ainsi au pouvoir absolu de l'État, tel que le définissait Thomas Hobbes, qui avait prévalu jusqu'alors.

Au milieu du XXᵉ siècle, John Rawls a fait faire un pas important à la notion de désobéissance civile. Il l'a enrichie, au-delà du droit, par une première réflexion sur les conditions politiques que cette forme d'action doit satisfaire.

Selon lui, vivre en démocratie implique que les institutions de base soient considérées comme justes et légitimes et ce, dès lors que les grandes libertés publiques y sont garanties de manière effective.

Dans une situation plus ou moins trouble, il y a selon lui un devoir et parfois même une obligation à obéir à des lois injustes, à condition qu'elles ne dépassent pas un certain degré d'injustice[1].

De façon très pragmatique, il rappelle la chose suivante : ce qui détermine un citoyen à considérer que cesse le devoir d'obéir aux lois est d'abord une affaire individuelle. Utilisée de façon pertinente, la désobéissance civile aide au fond à consolider les institutions et à en assurer une légitimité supplémentaire.

Cependant, la contestation politico-sociale ne peut être toujours assimilée à l'agrégation d'autant

---

1. John Rawls, *Théorie de la Justice*, Paris, Le Seuil, 1971, p. 396.

de lanceurs d'alerte que de manifestants foulant le macadam... Les frontières sont mouvantes et subtiles.

La désobéissance implique un passage à l'acte, c'est-à-dire une transgression plus ou moins consciente de la loi, qui se distingue nettement de la protestation, même si elle peut s'accompagner parfois d'illégalisme.

Quand un mouvement de protestation collective devient un mouvement qui revendique le fait de désobéir aux lois, on s'approche graduellement et par étapes d'un mouvement collectif de désobéissance civile.

Il a fallu attendre les années 1920 et Gandhi pour qu'un peuple prenne conscience qu'il avait le pouvoir de défier et finalement de défaire l'empire qui l'asservissait, sans recourir à la violence, mais en refusant simplement d'obéir à ses lois. Gandhi, écrit Paul Ricœur en 1949, figure en notre temps plus qu'une espérance : une démonstration que la stratégie de l'action non violente, dont la désobéissance civile fut l'axe principal, est dotée d'une grande efficacité politique.

L'idée même de résistance non violente s'est peu à peu emparée des consciences et des peuples à la suite de l'action de Gandhi. La liste des prix Nobel de la Paix, attribués depuis les années 1950 à certains de ceux qui ont résisté sans violence, est un bon indicateur de cette « performance ».

Phénomène marquant de la seconde moitié du XXᵉ siècle, la diffusion de la désobéissance citoyenne au sein de différentes cultures, essentiellement contre des régimes totalitaires ou autoritaires, a participé à l'universalisation de l'idée qu'il existait des droits protecteurs de l'humanité et des hommes, inviolables. C'est en dessinant ce noyau dur que nous pourrons appréhender cette balise commune qui, en dernière instance et quelles que soient les circonstances, peut fonder une transgression.

Depuis quelques années, de nouvelles déclinaisons de la désobéissance civile prennent forme sous nos yeux.

Au-delà des définitions qui peuvent en être données, nous nous attacherons à souligner les pièges, les traquenards, les effets pervers de ces transgressions, en mettant l'accent sur ce qui suscite le plus d'interrogations et de passion, c'est-à-dire les démarches strictement individuelles : celles des lanceurs d'alerte.

En ce début du XXIᵉ siècle, se dressent, véritables héros modernes, des hommes qui, bravant parfois tous les risques, rebattant en tout cas toutes les cartes de leur vie, semblent vouloir privilégier l'intérêt général à l'exclusion de tout intérêt personnel. Ils sont les nouveaux grands désobéissants de notre époque, ceux dont la capacité d'insurrection prolonge les fulgurances courageuses de Martin Luther King ou Gandhi, après l'émancipation de la minorité noire aux États-Unis ou du peuple indien face à la tutelle coloniale. D'autres émancipations se mettent en mouvement aujourd'hui.

Paul Watson est le plus jeune cofondateur de Greenpeace. Il quitte l'ONG en 1977 pour fonder Sea Shepherd, qui devient l'organisation de défense des océans la plus combative au monde. Il fait actuellement l'objet de deux mandats d'arrêt internationaux pour avoir lancé une campagne efficace en faveur des cétacés, face à l'armada militarisée des baleiniers japonais.

Il brave la loi en pleine mer tout en organisant, pour réveiller l'opinion publique, sa théâtralisation. Il est en quelque sorte un nouveau dissident écologique, un lanceur d'alerte de la biodiversité.

Écœuré par les pratiques de la banque HSBC Genève où il travaillait au département informatique, Hervé Falciani prend contact avec l'administration française en 2008 pour mettre à sa disposition une liste de 8 993 évadés fiscaux français. Après avoir quitté la Suisse, il fournit ses listings en juillet 2009. Arrêté en Espagne le 1er juillet 2012, il est libéré par les juges espagnols en avril 2013 et revient en France où il partage depuis son expertise avec des élus, l'administration fiscale française et des ONG. Hervé Falciani a décidé de franchir le Rubicon en levant le voile sur les tiroirs occultes de la banque dont l'exploitation a permis de rapporter à la France plus d'un milliard d'euros – une goutte d'eau, si l'on peut dire, eu égard au potentiel, à l'échelle européenne, qui résultera peut-être un jour de l'exploitation des informations qui, d'après le procureur Éric de Montgolfier, « rempliraient un train de marchandises ».

Consultant à la NSA (National Security Agency), Edward Snowden fuit les États-Unis en juin 2013 pour Hong-Kong, d'où il fait ses révélations sur le système d'écoute mondial quotidien concernant des milliards d'individus, y compris des dirigeants de la planète. Il déclare : « Je suis prêt à tout sacrifier, car je ne peux pas, en conscience, laisser le gouvernement américain détruire la protection de la vie privée. » Alors qu'il quitte Hong-Kong pour Moscou le 22 juin en espérant rejoindre l'Amérique latine, il est inculpé pour espionnage et vol de biens appartenant au gouvernement par le Département américain de la justice. L'asile lui est accordé par les autorités russes fin juillet 2013. Snowden a ainsi plongé dans une cavale éternelle, lui qui, grâce à ses révélations, a placé au centre du débat public mondial la menace gigantesque du maillage sournois et insidieux permis par les prouesses technologiques américaines. Il est aidé par Julian Assange qui met à sa disposition le réseau Wikileaks.

C'est ce même réseau qui, dès 2006, a inauguré la cérémonie des lanceurs d'alerte à l'échelle mondiale. Depuis, Wikileaks a partagé avec les plus grands médias mondiaux des millions de documents confidentiels, notamment sur des scandales bancaires, la corruption de certains dirigeants en Afrique et en Russie, les très graves exactions commises par l'armée américaine en Irak. Comme Edward Snowden, Julian Assange est inculpé aux États-Unis et actuellement en cavale. Il se trouve depuis juillet 2012 à l'Ambassade de l'Équateur à Londres, après que les juges anglais ont validé la demande d'extradition de la Suède pour des faits de viols qu'il a toujours contestés.

Paul Watson défend la biodiversité, Hervé Falciani l'idée de faire de la finance un allié de l'économie réelle et du bien-être des citoyens — et non pas un gigantesque gruyère de trous noirs — et Snowden, lui, l'un des droits de l'homme les plus sacrés du xxie siècle : la préservation de l'intimité et de la vie privée. Quant à Assange, même s'il reste controversé, il a démontré que la révélation des plus grands secrets pouvait être un puissant antidote démocratique contre toutes les manipulations et les dénis.

Une autre figure s'impose ici : celle de Bradley Manning. Condamné le 21 août 2013 à une peine de trente-cinq années de réclusion par un tribunal militaire américain pour avoir révélé, *via* Wikileaks, les exactions de l'armée américaine en Irak, il a mis au jour, par la fourniture de 250 000 câbles diplomatiques et 500 000 rapports militaires classés secret défense, l'hyper cynisme avec lequel Washington est intervenu et a occupé l'Irak.

À la suite de ces figures médiatiques, de nombreux anonymes sont en train de naître partout dans le monde. Ce sont eux qui, en s'appuyant sur les réseaux sociaux, ébranlent les kleptocrates et secouent les illégalismes privés ou publics. Tous sont les acteurs d'une « révolution existentielle », pour reprendre l'expression de Václav Havel.

Ce sont ceux-là mêmes qui nous obligent à rêver d'un autre monde. Ils agissent à front renversé contre les deux objets fétiches qui nous menacent et nous fascinent : l'obsession sécuritaire et l'obsession du profit.

Ce sont les graves dérives commises en leur nom qui sont perçues comme autant de nouvelles tyrannies modernes.

La France aurait dû être à l'avant-garde de la protection des lanceurs d'alerte. Nous verrons malheureusement que le chemin est encore long.

Certains agitent constamment le spectre de Vichy pour disqualifier ceux qui, par leur action, ont une efficacité plus redoutable – on pense notamment à Hervé Falciani – que tous les échanges d'informations fiscales et bancaires dont on se glorifie aujourd'hui hâtivement.

En effet, on sait qu'une partie du système bancaire a déjà un coup d'avance en externalisant certains comptes, en en opacifiant d'autres. Il pourra de bonne foi affirmer vouloir coopérer activement et, de mauvaise foi, laisser dans les tiroirs sans fond du numérique les informations les plus décisives.

Alors, face au dégoût que peut inspirer la dénonciation anonyme quand elle puise dans le venin, il faut des dispositifs que nous proposerons.

Entre les défenseurs d'une finance éthique ou de la biodiversité et Snowden et Manning, il y a évidemment un fossé : les premiers sont célébrés par le plus grand nombre, tout en restant persécutés par ceux dont ils bousculent les intérêts, et les seconds sont durement criminalisés – à l'exception des États qui ont fait de l'antiaméricanisme leur fonds de commerce idéologique. Comment passer de la figure du traître à celle du héros, voire être parfois les deux en même temps, tels sont les défis qui pèsent sur les lanceurs d'alerte aujourd'hui.

En juillet 2013, quatre pays européens, dont la France, ferment leur espace aérien à l'avion d'Evo Morales, président de la Bolivie, en raison de la présence supposée de Snowden à l'intérieur. Ce sont les mêmes pays européens qui avaient poussé des cris d'indignation face à ses révélations, et qui, par leur attitude, ont ainsi pactisé avec les Américains, l'espace aérien devenant l'instrument de leur sourde complicité.

Cela n'est pas acceptable car, paradoxalement, Snowden et Manning, face à de telles atteintes aux droits de l'homme et à l'intimité de la vie privée, sont, non pas des dénonciateurs, mais des révélateurs de la face sombre des États – et, au premier chef, des États-Unis.

Quant aux questions sécuritaires, toutes les manipulations sont possibles. L'hyper-terrorisme, de ce point de vue, a donné un gigantesque coup de main à ceux qui désirent organiser un contrôle de plus en plus étroit de la vie des citoyens.

Les questions posées sont donc infiniment complexes. Reste néanmoins que la société civile mondiale dit aujourd'hui sa colère face à l'immensité du cynisme qui défigure les bonnes consciences et les paroles lénifiantes des décideurs privés et publics.

Notre planète est aujourd'hui menacée par toutes les plaies d'Égypte. La clandestinité est l'alpha et l'oméga de ceux qui s'enrichissent, ou qui souhaitent museler les citoyens au nom de la défense de leurs intérêts. Face à cette sinistre farce, de nouveaux désobéissants se lèvent pour protéger les nouvelles générations et leur céder autre chose qu'une humanité en lambeaux.

Le droit doit être leur allié et leur bouclier. C'est le sens de cet ouvrage : faire un inventaire des outils qui existent, permettant aux futurs lanceurs d'alerte de mieux paver leur chemin, mais aussi imaginer ceux de demain.

Première partie

LES LANCEURS D'ALERTE

Obéissance / désobéissance

Vous êtes employé dans un hedge fund, fonctionnaire au ministère du Travail, chercheur dans
un laboratoire pharmaceutique, technicien dans une
centrale nucléaire, policier affecté à la lutte antiterro-
riste, gardien de prison, vous êtes confrontés parfois
jusqu'à la nausée à des situations qui vous révoltent
tant elles sont synonymes selon vous d'une grave
violation des droits de l'homme, d'une infraction
pénale, d'un dysfonctionnement d'une institution ou
d'un danger pour la santé publique ou l'environnement. À chacune de ces révoltes fait écho de façon
plus ou moins intense une indignation collective, la
perception d'un risque, voire une crainte face à un
futur de plus en plus incertain, lourd de menaces pour
l'intérêt général.

Il est frappant de constater aujourd'hui que ce sentiment de péril a irradié progressivement tous les secteurs de la société. Il est dramatisé et aggravé par une autre conviction : ceux qui sont en responsabilité ne veulent ou ne peuvent pas apporter des réponses satisfaisantes à l'inflation de ces peurs. Les grands fiascos judiciaires, ces dernières années, qui ont suivi les scandales du sang contaminé, de l'hormone de croissance, ont généré bien des doutes. Non seulement est mise en cause la capacité des institutions à désigner les responsables au-delà des lampistes et à apporter des remèdes pour prévenir la répétition de ces scandales, mais aussi est discréditée la parole des experts. Ces désarrois, ces colères, face à cette dérive, perçue comme une faillite des institutions, mais aussi des entreprises, à prévenir les risques et à respecter les engagements pris, conduisent de plus en plus de citoyens à se vivre comme des anticorps.

Ainsi, le lanceur d'alerte, c'est l'irruption du « je » au nom du « nous » face à des décideurs qui ne sont plus ni omniscients, ni respectés dans leur parole publique ou privée. Écouter et protéger les lanceurs d'alerte est donc aussi une exigence pour tenter de contenir les démagogues de tous horizons qui cherchent à moissonner dans cette exaspération.

Il y a autant, sinon plus, de raisons d'obéir que de désobéir.

La soumission à la règle n'est en rien synonyme de docilité ou de servitude puisqu'elle témoigne de la capacité de l'humain à rencontrer l'altérité et à y exaucer ses rêves – autant de compromis voulus ou inconscients entre l'intime et le social, la sphère privée et la sphère publique. Bref, l'obéissance apaisée peut témoigner de la vitalité avec laquelle une personne peut s'émanciper de ses propres contraintes personnelles comme d'un déterminisme social parfois cruel et pesant.

L'homme libre n'est assurément pas celui qui agit piloté par son bon plaisir et ses émotions. On le sait, la liberté déréglée est la litière de la guerre, de la violence de tous contre tous.

Derrière l'adhésion à la Loi commune, il y a la conviction que la raison commande de rechercher l'utilité commune pour soi-même, pour les autres, pour se protéger et se permettre ainsi de vivre selon son bon plaisir.

Georges Bernanos[1] porte une parole éternelle quand il dit : « Il faut beaucoup d'indisciplinés

---

1. Georges Bernanos, *Les Enfants humiliés*, Gallimard, Folio, 1991.

pour faire un peuple libre.» Nul doute, l'Histoire l'enseigne cruellement : l'obéissance passive des citoyens est l'alliée du pire. *A contrario*, la désobéissance, non pas pour soi-même mais pour les autres, est non seulement un puissant antidote contre toutes les dérives mais, comme l'écrit Jean-Marie Muller, «une respiration de la démocratie».

La désobéissance résonne ainsi comme l'expression d'une exceptionnelle volonté d'émancipation, et au-delà, comme l'exigence de défendre une autre utilité commune, face à celle incarnée par la loi, dont la légitimité serait si dégradée qu'elle mériterait d'être contestée. C'est le sens du cri de Martin Luther King qui disait : «Il y a deux sortes de lois, les lois justes et les lois injustes. Je suis le premier à préconiser l'obéissance aux lois justes, c'est une responsabilité morale aussi bien que légale. Or cette même responsabilité morale, la même que celle qui commande d'obéir à la loi, commande de désobéir aux lois injustes. [...] Je soutiens qu'un homme qui refuse d'adhérer à une loi lui paraissant injuste en son âme et conscience et qui se soumet de plein gré à la peine de prison afin d'en démontrer la justice à ses concitoyens, exprime, en agissant ainsi, son très grand respect pour la loi.» Paradoxe formidable : la meilleure façon de dire son respect pour la démocratie et pour la loi, c'est parfois d'y désobéir.

La transgression, ici, n'est aucunement synonyme d'une attraction, qu'elle soit enfantine ou pathologique, pour chahuter l'interdit. Elle n'est pas non plus l'expression d'une urgence de survie pour soi-même mais pour les autres. Aussi, le désobéissant ne se désolidarise-t-il pas à des fins individuelles mais au bénéfice du groupe.

Quoi qu'il en soit, ces transgressions sont devenues un acte de liberté suprême qui serait la condition de la libération des hommes d'un joug.

Une fonctionnaire du ministère de l'Éducation nationale m'a expliqué un jour que c'est son attachement aux principes qui a fondé chez elle l'urgence de les violer. En l'espèce, elle avait enfreint le secret professionnel et l'obligation de loyauté vis-à-vis de son administration en s'opposant brutalement à l'interpellation d'enfants avec leur mère, à quelques mètres du parvis de l'école. Selon elle, un principe supérieur avait été violé : le respect que l'humanité doit aux enfants. Ces désobéissants sont portés par une intuition, ils agissent comme des vigies, en étant, non pas des prophètes de malheur, mais à l'avant-garde de l'humanité.

La transgression de la loi, du reste, devient d'autant plus légitime que la loi est perçue elle-même comme illégitime par le plus grand nombre. Elle est même dans son aboutissement parfait source de transformation de la loi. C'est la Révolution française, comme on le verra, puis le droit international, qui ont progressivement instauré un droit de résister à la tyrannie, celui de renverser des despotes dès lors qu'ils foulent au pied les droits les plus élémentaires de l'humanité. Plus récemment, ce sont des millions de « désobéissants » qui, parfois au prix du sang, ont été les acteurs du Printemps arabe.

Ainsi, plus un régime est disqualifié, contesté de l'intérieur comme de l'extérieur, plus celui qui transgresse la loi substitue à ses habits de désobéissant ceux de résistant.

Or, alors qu'ils ne faisaient pas face à la tyrannie mais à des lois iniques, des hommes ont su, en transgressant une loi, au risque parfois de persécutions judiciaires, rallier progressivement le plus grand nombre, la délégitimer et, finalement, en obtenir l'abolition.

Ces grands acteurs de l'Histoire sont connus. Sans Martin Luther King et ses appels à l'illégalisme, jamais Lyndon Johnson n'aurait accordé en 1964 aux Noirs américains les droits civiques qui leur étaient confisqués.

L'Histoire montre ainsi qu'un individu, seul, peut cristalliser, fédérer, sur un acte, l'ambition d'une minorité de recouvrer des droits bafoués.

En écho, des hommes et des femmes à travers le monde, en ce début du XXIᵉ siècle, évoquent, pour justifier de bousculer la loi et son application, des tyrannies qui seraient plus insidieuses : celle de l'argent et celle née d'une société de surveillance qui, à l'échelon planétaire, menacerait partout le plus intime.

Ces désobéissants anticipent parfois sans le savoir sur un effet surmultiplicateur de leur action indi-viduelle : celui d'une identification de plus en plus massive de ceux qui ont rêvé passer à l'acte sans jamais avoir osé ou pu le faire.

La défiance de plus en plus grande des citoyens vis-à-vis des grands décideurs, qu'ils soient publics ou privés, comme un trait d'union invisible, contribue chaque jour de plus en plus à ce que des hommes et des femmes qui, avant, auraient été persécutés, se voient ainsi brutalement célébrés.

Mus par leur conscience, ils agissent comme des précurseurs d'une humanité dont ils n'acceptent pas qu'elle soit défigurée. Ils en sont le drapeau dans lequel se reconnaît le plus grand nombre, c'est-à-dire les taiseux, ceux dont l'indignation cède devant les exigences tout simplement de survie, de sauvegarde de leur emploi ou de leur réputation. Cette défiance vis-à-vis des élites ne s'explique pas simplement parce que, se refusant à être exemplaires, elles ont désincarné la parole publique et délégitimé la politique publique. Elle s'explique aussi par la conviction de plus en plus répandue que l'espace public s'est privatisé, que le monde s'est marchandisé et que, dès lors, les forces occultes de l'argent ont détourné la loi de son dessein, c'est-à-dire la défense de l'intérêt général.

Ce sont toutes ces nouvelles formes de collusions entre l'argent et les pouvoirs, qu'ils soient privés ou publics, qui ont contribué à délégitimer la démocratie et à rendre encore plus légitime, pour des milliers de citoyens, de se mettre aux aguets, en vigilance, en devoir de désobéissance. Cette nouvelle géographie est dessinée par toutes ces pertes de confiance et ces colères, qui sont autant de facteurs d'encouragement à surmonter la crainte ou la culpabilité, même, à défier la loi et ceux qui devraient en être les promoteurs et les protecteurs. Ce mouvement, qui n'est pas simplement français mais planétaire, a conduit à adopter certaines lois pour protéger les lanceurs d'alerte, c'est-à-dire les citoyens qui estiment devoir révéler des illégalismes ou du moins les situations menaçant l'intérêt général. Ces lois, dans certains cas, même si cela reste insuffisant, leur accordent une forme d'immunité quand ils transgressent la loi de leur pays ou de leur entreprise.

Ainsi, au contraire des désobéissants, le lanceur d'alerte ne cherche pas à violer la loi, il cherche sa protection. Il peut être considéré en quelque sorte comme un désobéissant obéissant.

Tous profitent aussi du décalage qui ne cesse de s'aggraver entre les actes des plus puissants, perçus comme meurtriers pour l'intérêt commun, et leurs nouveaux discours de plus en plus « altruistes ». Ils leur renvoient ainsi au visage cette nouvelle propagande planétaire – celle des hommes politiques, des multinationales qui inlassablement nous serinent qu'ils vont sauver l'humanité à coups d'engagement en faveur du développement durable et de la transparence.

Puisque les puissants s'affichent comme les nouveaux sauveurs de l'humanité et de la biodiversité, les citoyens se sentent de plus en plus légitimes à les prendre au pied de la lettre pour conjurer d'autres maux et ainsi briser les chaînes qui les emprisonnent.

S'écrivent ainsi sous nos yeux, avec mille variantes, les nouvelles déclinaisons modernes de la désobéissance. Elles ont une filiation, un ADN commun avec un droit, sinon un devoir de désobéissance à un ordre illégal et un droit de résister à la tyrannie, qui existent depuis la nuit des temps.

Du droit au devoir de désobéir

La théorie selon laquelle un subordonné réputé raisonnable, sinon intelligent, peut refuser d'exécuter un ordre illégal est une très vieille lune. Elle s'oppose évidemment aux dogmes de l'obéissance aveugle, passive ; celle-ci conduit, *ex post*, à ruiner toute critique éthique, juridique, s'agissant de crimes qui auraient été commis sur ordre.

Cicéron, le premier, s'était interrogé sur la possibilité de résister à un ordre en droit romain. Selon lui, la question était de savoir si un individu devait docilement obéir à un ordre, quelle que soit la situation dans laquelle il était placé. Comme Saint Augustin, il était enclin à penser que le devoir d'un soldat était d'obéir sans condition à sa hiérarchie, en quelque sorte, la conscience éteinte. Mais dans l'hypothèse où l'ordre soulevait des questions éthiques graves, le soldat ne pouvait plus opposer une totale irresponsabilité juridique.

Ainsi le devoir d'obéissance pouvait disparaître s'il était contraire à un précepte divin. Une belle anticipation que ce précepte divin, pour nous inviter au fil du livre à tenter de dessiner ce mystérieux sanctuaire où se trouvent enfouis ces principes d'humanité inviolables, dont le respect inconditionnel serait la condition de notre survie. Et, au-delà, d'un bien-vivre commun.

Les atrocités de la fin du XIXe siècle et la Première Guerre mondiale ont conduit des juristes à réactualiser ce précepte divin. C'est le juriste Oppenheim[1] qui, dès 1921, écrira que peuvent être poursuivis des soldats ayant violé « des lois reconnues relatives à la conduite des hostilités commises par des membres des forces armées» après un ordre.

La Seconde Guerre mondiale et la Shoah rendront indispensable, impératif, de considérer que l'ordre à la loi cesse de devenir un fait justificatif parfait, absolu, non discutable.

C'est cette théorie qui escorte juridiquement ce que la philosophe Hannah Arendt appelait « la banalité du mal» lorsqu'elle évoquait l'affaire Eichmann.

Dans l'affaire Eichmann, bien que celui-ci ait plaidé le fait qu'il était contraint d'accomplir les actes reprochés, les juges de Jérusalem ont non seulement considéré que cette défense n'était pas recevable, mais encore que l'accusé avait agi avec zèle et conviction.

Le statut du tribunal militaire international, communément appelé « statut de Nuremberg», va, pour la première fois, inscrire dans le marbre de la

---

1. L. Oppenheim, *Law and Neutrality Treatise*, Longman Green and Co, 1921, vol II., p. 342-343.

loi l'interdiction de l'ordre à la loi, comme moyen de défense absolu.

Le statut disposait : « Le fait que l'accusé a agi conformément aux instructions de son gouvernement ou d'un supérieur hiérarchique ne le dégagera pas de sa responsabilité mais pourra être considéré comme un motif de diminution de la peine, si le tribunal décide ce que la justice exige. »

De manière inédite, une juridiction internationale devait ainsi juger que les obligations internationales qui s'imposent aux individus prévalent sur leur devoir d'obéissance envers l'État.

C'est la Shoah qui porte les mots de celui qui va représenter au Tribunal de Nuremberg l'accusation pour le Royaume-Uni : Sir Hartley Shawcross. Le 4 décembre 1945, il fonde l'inspiration universelle du soldat désobéissant face à la barbarie. Il dit : « Le loyalisme politique, l'obéissance militaire, sont des choses excellentes, mais elles n'exigent ni ne justifient la perpétration d'actes manifestement injustifiables. Il arrive un moment où un être humain doit refuser d'obéir à son chef, s'il doit aussi obéir à sa conscience. Même le simple soldat qui sert dans les rangs de son pays n'est pas tenu d'obéir à des ordres illégaux. »

Dans son ouvrage *Au nom de quoi? Fondements d'une morale politique*[1], Alfred Grosser évoque avec subtilité les hésitations des juges allemands, après la Seconde Guerre mondiale, chargés de juger des fonctionnaires nazis. Il nous fait comprendre la difficulté pour ces magistrats de mesurer dans leur décision quand la loyauté et la fidélité cessent d'être des vertus.

Le précepte divin invoqué par saint Augustin est devenu ainsi la métaphore religieuse de préceptes juridiques. Il a fallu le sang de plus de six millions de Juifs, de Tziganes et d'homosexuels pour écrire la préface d'une nouvelle loi mondiale : celle qui fonde le droit, sinon le devoir, d'obéir à l'injonction de saint Augustin tout en désobéissant à la loi. C'est celle qui, de façon formelle, oblige un subordonné à désobéir si le pire lui est demandé. La conscience individuelle peut et doit ainsi prévaloir sur toutes les règles quand leur application conduit aux pires offenses.

Une vigueur très importante fut donnée à ce principe ainsi énoncé. Le 11 décembre 1946, l'assemblée générale des Nations unies devait adopter unanimement la résolution 95 confirmant la valeur des

---

1. Alfred Grosser, *Au nom de quoi? Fondements d'une morale politique*, Paris, Le Seuil, 1969.

principes du droit international reconnus par le statut du Tribunal de Nuremberg.

À la demande de l'assemblée générale des Nations unies, la Commission du droit international s'efforça de codifier différents grands principes parmi lesquels le suivant :

« Le fait d'avoir agi sur ordre d'un gouvernement ou celui d'un supérieur hiérarchique ne dégage pas la responsabilité de l'auteur en droit international s'il a eu moralement la faculté de choisir. »

Les États sont restés néanmoins attachés très long-temps à l'idée d'une obéissance inconditionnelle. Ils ont refusé d'intégrer dans le Protocole 1 des conventions de Genève [1] un article prévoyant le cas où l'ordre supérieur doit être désobéi.

Il avait été envisagé un article 77 prévoyant l'ex-clusion de la défense des ordres supérieurs, dans le cas où les soldats devaient raisonnablement se rendre compte qu'ils participaient à une infraction grave aux conventions au présent protocole et qu'ils avaient la possibilité de s'opposer à cet ordre.

---

1. Ces quatre conventions du 12 août 1949 définissent les règles de protection des personnes en cas de conflits armés. Voir le site du Haut-Commissariat des Nations unies aux droits de l'homme : http://www2. ohchr.org/french/law/protocole1.html

Face à la barbarie, le devoir d'obéissance inconditionnelle reste encore tragiquement la pierre angulaire
de ceux qui détiennent l'autorité, qu'elle soit militaire
ou politique. Ce sont les mêmes, nous le verrons,
qui, en contrepoint de ce qu'écrivent les nouveaux
désobéissants, ne cessent de discréditer ceux qu'ils
n'hésitent pas à désigner comme étant les nouveaux
ennemis de l'humanité, une nouvelle génération de
traîtres et de félons.

Néanmoins, alors que le droit de désobéir à un
ordre illégal n'avait pas été accepté formellement par
le Tribunal de Nuremberg (certaines voix minoritaires
à l'époque l'avaient souhaité), s'est progressivement
dessinée l'idée suivante : face à des actes manifestement illégaux, telles les infractions graves mention-
nées dans les conventions de Genève, mais aussi le
génocide et les crimes contre l'humanité, subsistait
pour le subordonné un droit, sinon un devoir, de
résister à l'injonction d'obéir.

Aujourd'hui, le droit le plus moderne qui intègre
ce principe résulte de l'article 33 du Statut de la Cour
pénale internationale adopté en juillet 1998 à Rome,
en écho aux dispositions contenues dans différentes
conventions internationales et dans le Statut des deux
tribunaux ad hoc pour l'ex-Yougoslavie et le Rwanda
(voir annexe 1).

Comme toujours, les plus vertueux principes non seulement peinent à s'appliquer, mais peuvent contribuer à pérenniser de solides logiques d'impunité. À deux reprises, dans le cadre de procédures aux États-Unis, les juges ont refusé le fait justificatif de la défense du supérieur hiérarchique, invoqué par des soldats américains dans le cadre de massacres commis lors de la guerre du Vietnam[1]. Or l'application de ce principe, quand elle est le fait des juges militaires, conduit à d'étranges variations : condamner des soldats qui torturent sur ordre peut être un sinistre moyen de blanchir la hiérarchie. Personne n'est dupe, on livre en pâture quelques lampistes et on élimine la controverse.

Les petits bourreaux de la prison d'Abu Ghraib en Irak, par exemple, n'ont été condamnés qu'à des peines légères au terme d'un procès jugé indécent par les prisonniers et les organisations de défense des droits de l'homme.

Quelques années après, le soldat Bradley Manning, en août 2013, écope d'une peine extrêmement lourde

1. États-Unis c. Schultz, 39. M.R. 133, 136 (1966, Cour martiale); États-Unis c. First Lieutenant William L. Calley, Jr. (1971), 46 C.M.R. 1131 51973, aff d 22 U.S.C M.A. 534, 48 C.M.R 19 (1973).

pour avoir révélé des actes de barbarie dont les auteurs principaux, eux, sont restés impunis.

Désobéissance civile et droit de résister à la tyrannie

Interrogeons maintenant le fonds commun d'évidence qui existe entre les lanceurs d'alerte, leurs frères de lait les désobéissants civils, et ceux qui, pour résister à l'oppression, bravent parfois avec violence la Loi.

En effet, ce qui fonde la prévalence de la conscience individuelle face à de graves illégalismes n'est pas sans lien avec ce qui fonde le droit de résister à l'oppression, même s'il peut y avoir des abus de paternité toujours tentants. Pour éviter des instrumentalisations du droit (il y en a toujours eu, et le phénomène reste latent) à la résistance à l'oppression, dont le but est de légitimer en toutes circonstances les transgressions individuelles, il faut faire un bref détour par l'histoire.

Tout commence par le premier texte sur le droit de résistance à l'oppression. Son acte fondateur est l'article 2 de la Déclaration des droits de l'homme de 1789 qui prévoit :

« Le but de toute association politique est la conservation des droits naturels et imprescriptibles de l'Homme. Ces droits sont la liberté, la propriété, la sûreté, et la résistance à l'oppression. »

Suit immédiatement l'article 3 à propos de la souveraineté nationale :

« Le principe de toute Souveraineté réside essentiellement dans la Nation. Nul corps, nul individu ne peut exercer d'autorité qui n'en émane expressément. »

C'est la France qui, dès 1789, a donc pour la première fois inscrit dans les tables de sa loi constituante le droit de résister à l'oppression.

On voit aussi qu'en 1793, sous la Terreur, sa déclinaison la plus aboutie mais aussi la plus manipulée a été mise au service de la pire des répressions (voir annexe 2).

Elle est le fruit direct de l'action des révolutionnaires qui avaient mis à bas, par la violence, la monarchie jugée oppressive des droits du peuple. C'est d'ailleurs une circonstance analogue, d'une certaine façon, qui fonde l'article 20 de la Constitution de la République fédérale allemande. Après avoir rappelé que « tout pouvoir d'État émane du peuple », celle-ci précise que tous les Allemands « ont le droit de résister à quiconque entreprendra de renverser cet ordre s'il n'y a pas d'autre remède possible ».

Deux expériences collectives d'un asservissement de tout un peuple qui ont conduit la France comme l'Allemagne, à deux siècles d'intervalle, à instituer en principe fondamental le droit de résister à l'oppression.

Ce sont à nouveau les atrocités commises pendant la Seconde Guerre mondiale qui redonneront ses lettres de noblesse au droit de résister à la tyrannie, consacré dans le Préambule de la Déclaration universelle des droits de l'homme du 10 décembre 1948 par ces mots : « Considérant qu'il est essentiel que les droits de l'homme soient protégés par un régime de droit pour que l'homme ne soit pas contraint, en suprême recours, à la révolte contre la tyrannie et l'oppression. »

Tous ces textes, suivis par les différentes résolutions des institutions onusiennes et européennes qui s'en sont inspirées, ont fait écho au droit à la révolution contre la tyrannie conceptualisé par Locke. Selon le philosophe, ce droit naturel, lié au droit à la conservation de soi formulé par Hobbes, implique un droit à la révolte contre tout tyran qui utilise injustement ses pouvoirs contre les intérêts du peuple, dès lors que le droit à la vie et le droit à la propriété sont naturels. Est donc affirmée la légitimité de préserver sa vie comme une primauté morale. Il s'agit de faire en sorte que « les agneaux ne se laissent pas dévorer et déchirer paisiblement par les loups ».

La notion de légitime défense est implicite dans ce droit à résister au tyran : l'individu jouit du même droit à la résistance face à l'oppression que face à un criminel voulant attenter à sa vie.

Aucun texte international n'osera jamais l'écrire, mais le droit à la résistance face à la barbarie légitime peut sous-entendre l'usage de la violence. Ainsi s'est érigé un principe de proportionnalité invisible, peu dicible : en réalité, plus s'exerce contre l'individu une violence massive et illégitime, plus celui-ci, pour préserver sa vie, peut recourir lui-même à la violence, y compris en utilisant des armes.

On l'oublie volontiers mais Nelson Mandela, immense porteur d'universalisme, n'a pas toujours été pacifiste puisqu'il a, comme Albert Camus, considéré que, dans les situations extrêmes, le recours à la violence pouvait être légitime. Aussi n'a-t-il pas hésité au début de son engagement contre l'apartheid à prôner la lutte armée et la violence. Mais l'homme de la réconciliation qu'il a été, sa capacité à éradiquer le péril de la vengeance et de la guerre civile, ont fait oublier qu'il n'a pas toujours été un désobéissant pacifique. La reconnaissance universelle de la justesse de son combat a rendu acceptable le fait que la violence lui soit apparue comme la première modalité d'action possible.

En effet, la désobéissance civile s'écarte fondamentalement de ce droit à résister à la tyrannie car sa légitimité vient de ce qu'il s'agit envers et contre tout d'une désobéissance non violente.

C'est toujours ce principe de proportionnalité qui prévaut – nous le verrons plus loin – lorsqu'il est demandé au juge d'arbitrer entre les motifs invoqués par un grand désobéissant pour braver la loi et les circonstances qu'il invoque pour se justifier – à savoir, une forme de violence de l'État sur le peuple.

Il y a donc une filiation – dont il faut redouter et combattre les instrumentalisations – entre ceux qui résistent à la tyrannie et les désobéissants d'aujourd'hui, la même conscience que, face à un État incapable d'assurer la protection des peuples et du bien public, il est légitime d'agir.

Ainsi, en écho à un désobéissant ou un lanceur d'alerte, soit l'expression individuelle d'une conscience qui s'oppose, qui révèle, qui alerte, des millions de citoyens se dressent collectivement face à un régime qui oppresse. La résistance civile est donc la matrice de la désobéissance civile, civique et de tous les lanceurs d'alerte dans leur définition la plus large.

Le désobéissant civil individuel face à la tyrannie n'est plus un désobéissant, il devient un dissident quand il n'utilise pas la violence, et un résistant quand il s'en empare.

L'historien Jacques Sémelin, directeur de recherches au CNRS, a comparé à plusieurs reprises les révoltes arabes avec le soulèvement des Allemands de l'Est : « Chaque fois deux peuples, qui semblaient abrutis pour l'éternité face à la tyrannie, se sont mobilisés de façon collective et non violente en surprenant l'humanité tout entière[1]. »

À Budapest, en 1956, un jeune homme avait crié : « Je veux dire la vérité au monde » et, Jacques Sémelin le rappelle, ce dernier bricolait pour se faire une radio à ondes courtes.

Internet a évidemment ouvert à tout le monde les portes d'une dissémination en temps réel des cris de protestation et de colère favorisant une vulnérabilité extrêmement rapide d'un régime, la coagulation des forces, la diffusion des informations stratégiques pour fonder l'action.

Dans la boîte à outils des futurs lanceurs d'alerte, Internet a évidemment une place aussi précieuse que dangereuse.

---

1. Jacques Sémelin, *De Prague à Tunis, de 1989 à 2011, le rôle de la résistance civile, Entretien avec Abdelwahab Meddeb et Jacques Semelin* in *Études*, n° 416/1, janvier 2012.

Le droit de résister à la tyrannie tout comme celui de désobéir à un ordre manifestement illégal portent en eux une vision commune de l'homme, sur ce qu'il peut et doit faire pour assurer sa survie ou celle des autres. Cette martingale mystérieuse, cette communauté de valeurs souterraine, les nouveaux désobéissants sont en train de la réécrire, de l'élargir en miroir avec toutes les menaces clandestines ou non qui semblent obstinément vouloir mettre l'humanité au bûcher.

Depuis 1945 et de façon accélérée depuis la fin du XXe siècle, les nouveaux désobéissants constituent les rouages de cette mécanique, éternelle et universelle. C'est elle qui, pour gripper l'industrie du mensonge, qu'il s'agisse de mensonges d'État ou du monde industriel, suit la boussole qui permet de violer la loi quand les principes infiniment supérieurs à elle sont eux-mêmes bafoués.

Le droit français

Ce devoir de désobéissance à un ordre présumé illégal existe également en France depuis juillet 2005 dans le Statut général des militaires. Il est l'application du principe des « baïonnettes intelligentes ». Cette théorie évoque la situation du soldat qui doit faire preuve de discernement dans l'exécution d'un ordre et refuser d'obéir aveuglément à un ordre manifestement illégal. Elle relativise le concept « d'obéissance absolue » qui conduirait à une irresponsabilité de l'exécuteur d'ordre.

L'ordre du supérieur hiérarchique, que Maurice Papon n'a cessé d'avancer pour sa défense, lui a ainsi été refusé, en application des principes du droit international.

Aujourd'hui, le règlement de discipline des forces armées protège un subordonné qui décide de ne pas obéir à un ordre dont l'exécution lui paraît pouvoir entraîner la perpétration d'un crime ou d'un délit. Un alinéa dans ce règlement rappelle perfidement que, si le subordonné se trompe, il s'expose lui-même à des poursuites. L'instruction ministérielle du 4 novembre 2005, prise en application de ce règlement, prévoit expressément, non pas simplement un droit, mais l'exigence d'un devoir de désobéissance. En effet, elle spécifie que le subordonné « doit refuser un ordre prescrivant d'accomplir un acte manifestement illégal » et que celui-ci « fait savoir son refus [...] soit au ministre de la Défense, soit à son chef d'état-major armé, soit à l'inspecteur général de l'armée ».

Ces dispositions, rappelons-le, ont été prises, après l'affaire Poncet même si cela avait été nié à l'époque par le ministère de la Défense. Le général Poncet avait été accusé par ses subordonnés d'avoir donné l'ordre d'éliminer un citoyen ivoirien, Firmin Mahé, en mai 2005, pendant l'opération Licorne [1].

On conviendra que la discipline militaire et la crainte des représailles, si l'ordre discuté vient de la hiérarchie, rendent extrêmement délicate la mise en œuvre de ce devoir de désobéir.

À l'opposé, le refus d'obéissance pour un militaire en temps de paix est passible de deux ans d'emprisonnement. Or le risque pour le lanceur d'alerte, c'est justement la hiérarchie, celle à laquelle on lui demande de s'adresser. C'est elle qui a le plus souvent à craindre de la révélation des faits dénoncés ou d'un refus d'obéir. Nous insisterons donc sur l'impérative nécessité de prévoir une autorité administrative indépendante – nous y reviendrons – qui, seule, pourra assurer une protection effective aux lanceurs d'alerte, tout en lui permettant

---

1. C'est le 7 décembre 2012 que la Cour d'assises de Paris a déclaré coupable le colonel Burgaud d'avoir donné l'ordre d'achever un Ivoirien, Firmin Mahé. Il a été condamné à une peine de cinq ans d'emprisonnement avec sursis. La Cour, pour condamner les trois autres soldats, a considéré que l'ordre, manifestement illégal, ne pouvait caractériser une contrainte irrésistible.

d'être crédité de ce qu'il dit ou écrit sans risques démesurés. Assurément, une telle structure permettrait aussi à de jeunes militaires, notamment lorsqu'ils sont en opération en Afrique ou ailleurs, de pouvoir partager en sécurité les troubles de leur conscience, quand ils n'ont pas été en mesure de résister à l'exécution d'ordres qui les ont conduits à commettre l'irréparable.

Étrange paradoxe : la guerre est sans doute la situation dans laquelle la violence peut être la plus légitime mais aussi la plus illégitime. C'est là où la désobéissance est la mieux protégée, la plus difficile et, à certains égards, la plus héroïque.

Nous sommes donc encore très loin du compte car, au sein de nos armées comme ailleurs, les raisons de se taire restent structurellement infiniment plus coercitives et donc plus convaincantes que celles pouvant inviter à briser l'omerta.

Notre code pénal a instauré ce droit à la désobéissance[1], ou plutôt un encouragement pour les fonctionnaires à désobéir face à un ordre manifestement illégal. Il existe ainsi une seule et unique situation prévue par

---

1. Article 122-4 du code pénal : « N'est pas pénalement responsable la personne qui accomplit un acte prescrit ou autorisé par des dispositions législatives ou réglementaires. N'est pas pénalement responsable la personne qui accomplit un acte commandé par l'autorité légitime, sauf si cet acte est manifestement illégal. »

la loi où, face à un ordre de l'autorité légitime (il ne s'agira pas toujours de l'autorité militaire), il est permis d'invoquer un état de nécessité – celle d'éviter la commission d'une infraction, une forme d'« exception d'humanité ». C'est ce que devraient faire ou auraient dû faire des agents des services secrets français – il y a eu des cas – ayant reçu l'ordre de réaliser une écoute clandestine. Aucune alerte connue de ce type n'a jamais été répertoriée en France. On se souvient du scandale des écoutes de l'Élysée : aucun fonctionnaire n'avait notoirement tenté de s'y opposer[1]. C'est dire si se mettre en travers de l'exécution d'un ordre manifestement illégal pour un agent public ou un militaire reste malheureusement encore une prouesse absolue. Il faut constater, comme nous le verrons, qu'il n'existe pas de dispositif suffisamment protecteur pour permettre à ces formes d'alertes d'exister et d'être les contrefeux nécessaires à notre démocratie. Depuis la fin du XIXe siècle jusqu'à nos jours, des citoyens ont

---

1. Une obéissance qui valut à ces fonctionnaires d'être condamnés par les juridictions françaises, la Cour d'appel de Paris estimant, dans un arrêt du 13 mars 2007 confirmé par la Cour de cassation, « qu'aucune disposition légale ne leur imposait une obéissance inconditionnelle à des ordres manifestement illégaux [...] du président de la République ». Voir notamment l'article « Les écoutes téléphoniques de l'Élysée : "une faute personnelle" de fonctionnaires dévoyés », http://www.agoravox.fr/tribune-libre/article/les-ecoutes-telephoniques-de-l-45137.

tenté d'opposer à la Loi le bien commun, l'intérêt général, afin de fonder leur désobéissance.

Du juge Magnaud au docteur Pourpardin : premières ébauches de l'exception de citoyenneté

Les annales judiciaires françaises attribuent au « bon juge » Paul Magnaud la paternité de la notion d'état de nécessité comme fait justificatif d'une transgression de la loi. Président du tribunal correctionnel de Château-Thierry, dans l'Aisne, ce magistrat est amené, le 4 mars 1898, à juger Louise Ménard, accusée d'avoir volé un pain. Celle-ci explique à la Cour qu'elle et son enfant de deux ans n'ont pas mangé depuis trente-six heures. Le tribunal reconnaît que les faits sont établis et relaxe la prévenue en faisant valoir qu'il « est regrettable que, dans une société bien organisée, un de ses membres, surtout une mère de famille, puisse manquer de pain autrement que par sa faute » et que, « lorsque pareille situation se présente et qu'elle est, comme pour Louise Ménard, très nettement établie, le juge peut et doit interpréter humainement les inflexibles prescriptions de la loi ».

L'affaire Ménard devient l'affaire Magnaud et connaît un grand retentissement dans la presse locale puis nationale. Dans *L'Aurore*, Clemenceau salue le juge pour avoir « rendu un verdict d'acquittement qui fait honneur à son humanité » et estime que « ce jugement mériterait de fixer la jurisprudence ». Pour sa part, *L'Écho de Paris* s'élève contre « ce juge qui a osé acquitter une voleuse ». Le parquet fait appel, mais la cour d'appel d'Amiens, cédant à la pression de l'opinion publique, confirme l'acquittement, sous l'argument sournois qu'il existerait « un doute sur l'intention frauduleuse ». Le citoyen Paul Magnaud, débarrassé de sa toge de magistrat, décide alors de participer directement au débat suscité par son jugement.

Grâce à lui, aujourd'hui, la notion d'état de nécessité peut être définie comme une situation dans laquelle des citoyens, légitimement, peuvent vouloir défendre un intérêt ou un droit en transgressant la lettre de la loi, sans pour autant se rendre coupables d'un acte répréhensible. La jurisprudence qu'il a inaugurée reste de nos jours encore une source d'inspiration pour les désobéissants français.

Médecin généraliste depuis plus de trente ans à Vitry-sur-Seine, Didier Poupardin, lui, a décidé seul de déclarer la guerre aux « ordonnances bizones ». Ces dernières, exigées pour les maladies de longue durée, obligent les médecins à distinguer une partie haute et une partie basse. La partie haute, réservée aux soins à l'affection longue durée, offre une prise en charge à 100 % par la Sécurité sociale. La partie basse, réservée aux soins sans rapport à l'affection longue durée, bénéficie d'un remboursement partiel.

Ce praticien, respectueux de la loi, considère que cette pratique exigée par des impératifs économiques est impossible à mettre en œuvre. Ainsi, s'il désobéit, c'est pour aider ses patients. Il n'a pas d'étiquette politique. Selon lui, l'ordonnance bizone relève de l'absurdité, parce que certains médicaments prescrits pour une affection de longue durée déclenchent eux-mêmes des troubles qu'il faut soigner avec d'autres médicaments, moins bien remboursés.

Le 22 octobre 2012, le Tribunal des affaires de sécurité sociale a condamné Didier Poupardin à rembourser à la Caisse l'intégralité du montant des tickets modérateurs des médicaments prescrits à ses patients. Il a refusé cette injonction du juge et son combat continue.

Autre exemple édifiant : Dominique Liot, cinquante-six ans, vingt-sept ans d'ancienneté, est électricien chez EDF en Midi-Pyrénées. Originaire du Sud-Ouest, il fait partie des « Robins des bois de l'énergie », ainsi qu'ils se sont baptisés eux-mêmes. En fait, un mouvement clandestin, spontané et informel, constitué d'électriciens « maison » qui refusent de couper le courant aux familles avec enfants en bas âge, et incapables de payer leur facture. La direction régionale d'EDF lui intime l'ordre de ne pas réfléchir, d'agir en automate face à des gens en détresse. La coupure du courant, on le sait, entraîne celle de l'eau chaude et du chauffage. Ici, des ordres ressentis comme iniques ont légitimé une désobéissance citoyenne. C'est l'inhumanité criante de l'application d'un ordre qui a conduit Dominique Liot à y résister. Mis à pied par EDF pendant trois semaines, lui aussi continue à faire de ses actes un symbole de sa conception du service public.

En 2003, lors du rassemblement antimondialisation « Larzac 2003 », Jean-Baptiste Libouban, membre de la communauté de l'Arche fondée par Lanza del Vasto, prend l'initiative de rédiger une « charte des faucheurs volontaires » afin de poursuivre, d'amplifier et de coordonner la lutte contre les OGM entreprise par la Confédération paysanne et son porte-parole, le très médiatique José Bové. Leur but était essentiellement de susciter un débat au sein de la société civile sur les dangers liés à la culture et à la consommation des OGM.

Avec deux autres membres de la Confédération paysanne, il comparaît devant le tribunal correctionnel d'Agen pour avoir fauché des plans de maïs.

Dans sa déposition, à la barre, il déclare : « Oui, cette action est illégale, mais je la revendique car elle était légitime. Je ne vous demanderai pas la clémence mais la justice. Ou nous avons agi dans l'intérêt de tous et vous nous relaxerez, ou nous avons troublé l'ordre public et dans ce cas vous nous sanctionnerez. Il n'y a pas d'autre issue. »

Jean-Baptiste Libouban a été condamné à huit mois de prison avec sursis. Il connaîtra ensuite d'autres condamnations et sera incarcéré le 22 juin 2003 avant de bénéficier, le 2 août, de la grâce présidentielle du 14 juillet, sous la plume de Jacques Chirac.

Les faucheurs d'OGM seront entendus provisoirement puisqu'ils seront relaxés par le Tribunal correctionnel d'Orléans, qui retiendra le fait justificatif de l'état de nécessité. C'est le 9 décembre 2005 que ce tribunal a relaxé les quarante-neuf faucheurs qui étaient poursuivis pour le fauchage de Greneville-en-Beauce.

Dans cette affaire, le tribunal rappelle : « L'état de nécessité est destiné à prendre en compte la situation de celui ou celle qui, pour sauvegarder un intérêt supérieur, n'a d'autre ressource que d'accomplir un acte défendu par la loi pénale ; ce fait justificatif doit, par conséquent, être en relation nécessaire avec des intérêts sociaux supérieurs, ou des valeurs sociales dominantes tels qu'appréciés au moment de la commission de l'infraction ; cet état de nécessité est donc, par nature, relatif et contingent et doit être apprécié *in concreto*, ou plus précisément, en fonction de l'état de la société et de l'ensemble des connaissances généralement admises à ce moment-là et relatives à des valeurs considérées comme essentielles par le corps social. » Après avoir ainsi établi le bien-fondé des raisons pour lesquelles ils ont agi, les désobéissants justifient leur intervention : « Il ne peut être omis que l'action de désobéissance a contribué à la prise en compte de cette question des OGM dans le cadre du Grenelle de l'environnement initié par le président de la République. »

De très nombreux procès ont suivi et les Cours d'appel ont systématiquement infirmé les jugements de relaxe, décisions confirmées par la Cour de cassation[1]. Néanmoins, le verdict rendu par le Tribunal correctionnel d'Orléans restera dans les annales judiciaires de la désobéissance citoyenne en France comme un précédent exemplaire. Des juges sont parfois les pionniers, ils annoncent une jurisprudence qui, si elle peine

---

1. Voir *Recueil Dalloz*, 2007, p. 1310 et *AJ Pénal*, arrêt rendu par la Cour de cassation, 7 février 2007 : « L'état de nécessité, dont souhaiteraient se prévaloir les faucheurs, a été écarté à l'issue d'une longue motivation. »

encore à s'imposer, incarne assurément une évolution irrésistible des mentalités judiciaires.

Les frontières entre lanceurs d'alerte et désobéissants sont poreuses ; à s'exténuer à sonner l'alarme, des citoyens sont conduits parfois à transgresser la loi. Néanmoins ces situations revêtent des catégories qu'il convient de préciser.

De la désobéissance civile au lanceur d'alerte : définitions

Les vocables se valent, même si nous allons en explorer les nuances : résistance citoyenne, désobéissance civile ou civique, vigilance, insurrection individuelle, lanceur d'alerte. Chaque fois, l'intérêt personnel d'un citoyen à respecter la loi se dissout devant un autre, plus grand encore : le devoir, mais aussi parfois la jouissance, de briser un interdit.

Les désobéissants

Certains auteurs privilégient la notion de désobéisseurs, c'est-à-dire ceux qui, de façon non violente, transgresseraient les règles pour exiger la suppression d'une loi qu'ils estiment contraire à un principe fondamental, protecteur des droits de l'homme.

Les désobéisseurs s'opposeraient ainsi aux désobéissants qui, eux, adosseraient leur mouvement à des actions directes non violentes différentes des modalités classiques de mobilisation politique. Ce sont ceux-là qui utiliseraient au mieux les richesses proposées par la Toile, à commencer par la médiatisation planétaire. La notion de désobéisseur, pour nous, n'est pas pertinente. Nous chercherons plutôt à distinguer les désobéissants civils ou civiques et les lanceurs d'alerte.

S'il y aura toujours, ici ou là, des abus de langage et des confusions, tous les mouvements de résistances citoyennes, de contestations sociales, ne sauraient s'assimiler au mouvement de désobéissance civile ou civique.

Le mouvement des Indignés, par exemple, s'il est aux États-Unis et en Espagne un mouvement important de contestation de la toute-puissance financière internationale, n'a généralement fait qu'emprunter aux attributs de la désobéissance civile.

En effet, depuis les écrits de Henry David Thoreau, les discours et les écrits de Martin Luther King et de Gandhi, l'expression anglaise « *civil disobedience* » a constamment été traduite par « désobéissance civile ».

On dit de Thoreau que c'était le premier des Indignés : « Comment rendre notre gagne-pain poétique ? » écrira-t-il joliment en 1851. « Car, s'il n'est pas poétique, ce n'est pas la vie que nous gagnons, mais la mort[1]. » Thoreau a été incarcéré pour avoir refusé de payer des arriérés d'impôts au motif qu'ils finançaient une monstruosité – l'esclavage.

Il écrit dans *La Désobéissance civile* (1849) : « La seule obligation qui m'incombe est de faire en tout temps ce que j'estime juste[2]. » Pour Thoreau, la désobéissance civile était un instrument indispensable contre la « dictature de la majorité », une plaie en démocratie selon Tocqueville. Relire ses écrits révèle que, contrairement aux idées reçues, ce pionnier avait également théorisé la désobéissance civile à l'échelle collective.

Quant à Hannah Arendt[3], elle s'est longuement interrogée sur la possibilité « de faire une place à la désobéissance civile dans le fonctionnement de nos institutions publiques ». Elle y répond par

---

1. Cité sous la plume de Christine Jordis in *Le Monde des Livres*, 4 juillet 2012.

2. Henry David Thoreau, *La Désobéissance civile*, Mille et Une Nuits, 1997.

3. *Du mensonge à la violence*, Calmann Levy, 1972.

l'affirmative, faisant de la désobéissance civile un acte exceptionnel, qu'elle décrit comme une sorte de procédure d'appel fondée sur des principes fondamentaux.

John Rawls, lui, en donne une définition simple et convaincante : « La désobéissance civile peut être définie comme un acte public non violent décidé en conscience, mais politique, contraire à la Loi qui accomplit le plus souvent pour amener à un changement dans la Loi ou bien dans la politique du gouvernement. » En agissant, selon lui, on s'adresse ainsi au sens de la justice de la communauté. C'est exactement le sens des écrits des autres auteurs qui ont abordé cette question, notamment Habermas [1].

La désobéissance civile suppose une violation de la loi, elle peut être collective ou individuelle, contrairement à ce que l'on a fait dire à Thoreau, mais surtout elle doit être non violente. Chaque auteur en effet insiste sur la civilité de cette désobéissance, qui la différencie de la désobéissance « criminelle ».

C'est l'ouvrage de José Bové et Gilles Luneau, *Pour la désobéissance civique* (La découverte, 2004), qui a réactivé la discussion sur ce qui différencie la désobéissance civile de la désobéissance civique.

---

1. Jürgen Habermas, voir l'article « Le Droit et la Force », paru dans ses *Écrits politiques*, Paris, Le Seuil, 1990.

Certes, certains se drapent dans la désobéissance civile, alors qu'ils commettent des violences. Ainsi, les auteurs précités parlent de désobéissance civique pour en faire la cousine du droit de résister à l'oppression, ce qui la consacrerait plus qu'une autre comme une désobéissance citoyenne. Il y a selon nous ici une analogie excessive, qui cherche à faire rentrer les actes de violence, pourvu qu'ils soient citoyens, dans la mouvance de la désobéissance civile. Céder sur ce point en légitimant la violence, c'est assurément prendre le risque d'être sans voix face à ceux qui, au nom de leur conscience, s'autodésignant comme des désobéissants, incendient des cliniques où se pratiquent des avortements, agressent des gynécologues au motif qu'un droit supérieur à tous les autres – le droit à la vie – y serait violé.

Pour notre part, nous retiendrons le terme de désobéissance civile assimilable à la désobéissance citoyenne. On conviendra que plus une désobéissance est violente, moins elle est civile et plus il lui est difficile de prétendre être civique. La bascule dans la violence crée un autre paradigme de fait : celui qui sous-tend le droit de résister à l'oppression.

Personne n'en voudra évidemment aux futurs désobéissants qui, alors qu'ils commettent des actions violentes, chercheront le label de la vertu en prétendant être les cousins de Martin Luther King et de

Gandhi. Mais c'est le recours à la violence qui peut défigurer la désobéissance civile, et en brouillant toutes les cartes, offrir un peu de légitimité aux fanatiques de tout poil.

Les risques de confusion ne sont pas près de s'éteindre, nous les comprenons tout en maintenant notre exigence d'une distinction rigoureuse entre les différentes catégories d'actions citoyennes. Ainsi les désobéissants civils entendent contester un ordre, et au-delà, un régime qu'ils estiment injuste et obtenir la reconnaissance de droits nouveaux (principe de précaution, droit au logement, etc.) y compris au prix de la violation de la loi.

Il s'agit au fond de la forme la plus noble de résistance citoyenne. Celle-là même dans laquelle est tissé le dhoti de Gandhi et, plus récemment, celle dont se réclament les faucheurs d'organismes génétiquement modifiés – même si, dans cette circonstance, les violences commises portent en elles le germe d'une perversion de la désobéissance civile. C'est d'ailleurs très exactement ce qu'en attendent ses contempteurs les plus sournois.

Aussi les héritiers d'Henry David Thoreau opposent-ils un corpus juridique, une sorte de noyau dur éternel et universel, ce précepte divin dont parlait saint Augustin, face aux monstruosités de l'État, mais aussi, en ce XXIe siècle, face aux graves atteintes commises aux droits des gens, à la biodiversité, par les plus grandes entreprises.

Ce sont eux qui s'opposent en censeurs d'un ordre social. Ce sont eux qui invoquent la figure d'Antigone affrontant Créon pour enterrer son frère selon les lois divines.

Les lanceurs d'alerte

La notion américaine de *whistleblower* a fait irruption pour la première fois en 1863 dans les textes fédéraux, en pleine guerre de Sécession. Elle renvoie à l'idée d'un arrêt de jeu à la suite de la faute d'un joueur.

C'est donc aux États-Unis qu'a été évoquée pour la première fois la possibilité de protéger celui qui dénonce des illégalités.

Aujourd'hui, le *whistleblower* est un employé ou un agent public qui révèle à sa hiérarchie, aux autorités ou aux médias, l'immoralité d'un comportement, la corruption, l'atteinte aux libertés ou à la santé. On le verra cependant, ils sont mal protégés et la loi actuelle américaine est loin d'être la plus moderne. Néanmoins, elle s'est montrée beaucoup plus efficace depuis quelques années s'agissant de ceux qui dénoncent les fraudes financières (voir annexe 3).

Au Canada, les lanceurs d'alerte sont désignés sous le terme de « dénonciateurs », mais ils sont les mieux protégés[1].

Dans les années 1960, Ralph Nader, devenu célèbre pour son combat en faveur des consommateurs avec son association Public Citizen, en a été l'icône[2].

C'est en 1996 que Francis Chateauraynaud, directeur d'études à l'École des Hautes Études en Sciences sociales, alors qu'il travaillait sur des questions sanitaires et technologiques, a forgé pour la première fois l'expression « lanceur d'alerte ». Le succès de cette dernière, a-t-il expliqué, est le résultat d'un long processus la rendant de plus en plus vertueuse. Ce qui explique qu'aujourd'hui on lui ait collé un label d'authenticité, quelles que soient les causes qui la portent.

En France, des citoyens se sont illustrés ces dernières années pour redorer le blason des lanceurs d'alerte. Rendons hommage à Irène Frachon, dont la seule conscience individuelle aura permis la révélation du scandale du Médiator.

Saluons aussi André Cicolella qui a été brutalement licencié en 1994 par l'Institut national de

---

1. Voir bibliographie : Public Sector Integrity et FAIR.
2. Voir : *An anatomy of whistleblower*, Penguin, 1974.

recherches et de sécurité (INRS) pour avoir révélé les effets toxiques des éthers de Grycol, les solvants utilisés dans les peintures et les détergents.

Sept ans de bataille judiciaire lui auront été nécessaires pour que la Cour de cassation lui redonne justice et constate le caractère irrégulier de son licenciement. Il explique : « Ce fut un choc de se retrouver du jour au lendemain sans travail, quand on croyait œuvrer pour le bien commun... Mais je ne regrette rien, c'est souvent la destinée des lanceurs d'alerte, au début... » Quand on l'interroge sur Snowden, il répond : « Il est courageux. Il a choisi l'intérêt public alors qu'il risque sa liberté. » André Cicolella comme Edward Snowden ne regrettent rien. Tous les deux sont unis par un même sentiment : la fierté d'avoir agi pour le bien commun. C'est cette fierté qui a été le carburant de leur courage, et vice versa. Puis ils ont su aimanter, sur leur sacrifice, pour le premier des centaines de chercheurs, pour le second des milliards d'humains. D'autres échouent et sombrent parfois dans la pire des dépressions. Non seulement ils ne reçoivent aucun laurier mais ils sont cloués au pilori. La bascule se joue parfois à très peu. Une affaire de rencontres plus ou moins anticipables, de circonstances, qui doit parfois rimer un peu avec chance.

Notre ouvrage s'adresse à ces nouveaux citoyens : ils peuvent être employés, fonctionnaires, usagers, scientifiques, riverains, sans emploi, ils ont tous en commun une ambition éthique les conduisant à révéler un comportement non public au nom de l'intérêt général.

On doit souligner que le lanceur d'alerte, par cette divulgation, ne commet pas nécessairement une infraction. Il peut agir protégé par la Loi et bénéficier ainsi d'une forme de vaccination non seulement contre les risques de représailles mais contre les risques judiciaires. Il peut aussi, sans aucune protection par son action d'alerte, violer la Loi de façon préméditée ou à chaud, et risquer ensuite des poursuites pénales.

Ainsi, les désobéissants ne peuvent être considérés à proprement parler comme des lanceurs d'alerte. En effet leur action ne s'inscrit pas formellement dans une révélation d'information, de comportements dont ils ont eu connaissance dans le cadre de leur fonction, mais dans la volonté assumée et conceptualisée de commettre une infraction, au nom il est vrai d'une alerte qui, dans le cas par exemple des faucheurs d'OGM, est une alerte sanitaire.

Les désobéissants spontanés

Certains citoyens, quand ils dénoncent des faits qu'ils estiment illégaux, essuient immédiatement les foudres de la loi. En effet, ils sont les témoins instantanés de comportements qui, à leurs yeux, violent des principes fondamentaux, alors qu'il ne s'agit que de l'application de la loi.

Ces désobéissants-là ne révèlent pas directement des faits, mais les font connaître indirectement, en se mettant en travers de l'action d'agents publics. La petite insurrection qui les y pousse résulte de leur indignation face à des comportements qu'ils estiment attentatoires à des droits fondamentaux. Ils risquent presque mécaniquement des représailles de la part des autorités étatiques. On pense notamment à des citoyens français ou même européens qui, avant le départ d'un avion vers un pays africain, s'opposent au bannissement d'un reconduit à la frontière au motif, comme cela est arrivé en France ou en Belgique, des conditions de traitement de l'immigré clandestin qu'ils estiment inhumaines.

J'ai été conduit à défendre André Barthélemy, valeureux militant des droits de l'homme, fondateur de l'association Agir Ensemble pour les Droits de l'Homme. On se souvient des trois philosophes qui avaient été interpellés et poursuivis pour s'être opposés à l'expulsion des sans-papiers sur un vol Paris-Kinshasa. Ils avaient par voie de presse dénoncé la volonté de constituer un délit d'opinion et avaient exposé dans un article : « Nous avons seulement posé des questions, de manière calme et pacifique, sans jamais émettre ni slogan ni appel. »

Dans toutes ces affaires, les juridictions qui ont été saisies à la requête du Parquet pour rébellion et parfois outrage à agent de la force publique, également pour entrave à la circulation des aéronefs, ont prononcé des condamnations en général bienveillantes mais n'ont jamais accueilli le fait justificatif de l'état de nécessité.

La directrice d'une école maternelle à Belleville, qui s'était opposée avec vivacité à l'interpellation d'enfants chinois à la sortie de son école, avait également été placée en garde à vue. Mais le Parquet avait décidé de ne pas engager de poursuites devant le tollé que ce placement avait déclenché chez les parents d'élèves et le voisinage.

Toutes ces consciences, comme celles qui ont conduit des jeunes gens à accueillir ouvertement chez eux des immigrés clandestins, et qui, en s'opposant à la mise en œuvre de la loi, en ont éprouvé la rigueur, ont su susciter un mouvement d'opinion publique jusqu'à l'Assemblée (voir p. 70).

Dans toutes ces situations, le lanceur d'alerte ne peut évidemment rien anticiper puisqu'il est placé brutalement dans une situation où son exaspération face à des comportements indignes le conduit à agir. Tout démontre que, plus la mobilisation de l'opinion publique et de la société civile est intense et rapide, plus une forme de bouclier s'installe, même si elle ne peut pas totalement immuniser le lanceur d'alerte contre les risques de poursuites.

D'autres désobéissants, cependant, se sont mobilisés de façon plus collective et structurée. Ils ont également contribué à la dépénalisation du délit de solidarité.

Le Réseau Éducation sans frontières

L'article L. 622-1 du code de l'entrée et du séjour des étrangers et du droit d'asile était ainsi rédigé : « Toute personne qui aura, par aide directe ou indirecte, facilité ou tenté de faciliter, la circulation ou le séjour irréguliers, d'un étranger en France sera punie d'un emprisonnement de cinq ans et d'une amende de 30 000 euros. »

En juin 2004, des enseignants et des parents d'élèves se mobilisent pour venir en aide aux enfants étrangers scolarisés en France et menacés d'expulsion. Ils refusent de laisser détruire la vie de leurs élèves ou des copains de leurs enfants. C'est ainsi que s'est constitué le Réseau Éducation sans frontières (RESF).

C'est une véritable campagne de désobéissance citoyenne que RESF a mise en œuvre. « Nous le faisons dans le but de modifier la législation pour qu'elle prenne en compte et respecte strictement les droits fondamentaux de la personne tels qu'ils sont exprimés dans la Déclaration universelle des droits de l'homme. »

La loi de finances 2009 prévoit l'interpellation de 5 000 « aidants » pour l'année civile en cours. Ce chiffre s'élève à 5 500 en 2011 et n'a pas été remis en cause par le gouvernement Ayrault. Se référant à ces objectifs chiffrés, un collectif d'associations, dont Emmaüs France, RESF, la Cimade et le Secours catholique, lance un appel intitulé : « Si la solidarité devient un délit, nous demandons à être poursuivis pour ce délit. » Elles appellent à une manifestation, le 8 avril 2009, devant les palais de justice des grandes villes : « Nous serons 5 500 à nous présenter comme prisonniers volontaires, affirmant avoir, un jour, aidé un homme ou une femme sans papiers en difficulté. Nous serons 5 500 à rester des aidants. »

Le 5 mai 2009, 144 personnalités publient un manifeste dans lequel elles dénoncent le code de l'entrée et du séjour des étrangers et du droit d'asile qui pénalise l'entraide humaine. « Ce qui est légal, écrivent les signataires, peut être immoral, l'histoire de France l'a déjà prouvé. Cette loi contredit l'idée de justice en criminalisant la fraternité revendiquée par la République, et punit la solidarité. » Après avoir affirmé « avoir aidé des sans-papiers ou être prêts à le faire », ils concluent : « Considérant que ceux qui défendent cette loi justifient son maintien en expliquant qu'elle n'est jamais appliquée, nous demandons purement et simplement son abrogation. »

La loi du 31 décembre 2012, si elle n'a pas abrogé le délit de solidarité, l'a en grande partie vidé de sa substance en prévoyant de nombreuses exemptions pour les personnes fournissant une aide desintéressée aux clandestins.

L'exception de citoyenneté : un pas supplémentaire avec Les Déboulonneurs

Voici une autre manière de désobéir sans haine et sans violence. Le 20 novembre 2005, un collectif s'intitulant «Les Déboulonneurs» publie un manifeste dans lequel il définit ainsi son action : «Ce collectif se propose de déboulonner la publicité, c'est-à-dire de la faire tomber de son piédestal, de détruire son prestige. Non pas de la supprimer, mais de la mettre à sa place, pour qu'elle soit un outil d'information au service de toutes les activités humaines.»

Il dénonce la publicité qui monopolise toujours plus l'espace public comme un système de harcèlement en pleine expansion : «Pour piéger les individus, la publicité fait fi de toute déontologie et n'hésite pas à bafouer les lois (par exemple, un tiers des panneaux sont illégaux). Sous couvert de la liberté d'expression d'une minorité d'annonceurs, elle impose à toute la population son idéologie antisociale (compétition, domination, accumulation).» Le système publicitaire incite à la surconsommation, au gaspillage et à la pollution. Le coût des campagnes publicitaires étant répercuté sur le prix des produits achetés, c'est en définitive le consommateur qui paie la publicité (en moyenne 500 euros par an par personne, selon une estimation des Déboulonneurs eux-mêmes[1]). Dès lors, le collectif a décidé d'agir : «Par l'action directe non violente contre l'affichage», le collectif

---

1. Collectif «Les Déboulonneurs», *Désobéir à la pub*, Le Passager clandestin éditions, 2011.

s'est donné un objectif précis et limité : obtenir des pouvoirs publics une nouvelle loi et un décret d'application qui ramènent la taille maximale des affiches à celle autorisée pour l'affichage associatif à Paris : 50 × 70 cm. «Atteindre cet objectif précis et limité, dit le manifeste, constituera une première brèche dans le système publicitaire. »

L'action consiste à barbouiller les panneaux d'affichage en peignant quelques mots avec des bombes de couleur. Face à l'agression publicitaire et à l'inertie des autorités, la désobéissance civile est une légitime réponse.

À Paris, le 12 janvier 2007, sept membres du collectif sont convoqués au Palais de Justice pour répondre de la dégradation de panneaux publicitaires, faits commis le 28 octobre 2006, devant la gare d'Austerlitz. Ils encourent chacun cinq ans de prison et 75 000 euros d'amende pour dégradations volontaires. Les prévenus reçoivent de nombreux soutiens. Parmi ceux-ci, celui, notable, du philosophe Edgar Morin qui déclare : «Le respect de la loi ne doit pas être aveugle. Il faut désaveugler les citoyens. Si les actions du collectif des déboulonneurs peuvent ouvrir le débat sur le matraquage publicitaire, c'est positif. Ces militants sont des éveilleurs. Il faut qu'ils se multiplient pour que la France se réveille. »

Les prévenus sont condamnés à une amende symbolique de 1 euro. Le collectif peut alors intituler son communiqué : « La justice reconnaît la désobéissance citoyenne contre le système publicitaire » et il développe : « La désobéissance civile non violente est ainsi prise en compte en tant qu'outil d'expression démocratique. Nous souhaitons que ce message soit clairement entendu par nos politiques. »

Devant le Tribunal correctionnel de Paris, des années plus tard, je défends Les Déboulonneurs et invoque à nouveau le fait justificatif de l'état de nécessité. Le Tribunal nous entendra et les relaxera le 25 février 2012. Dans leur décision, les juges se réfèrent à la Déclaration des droits de l'homme et du citoyen qui dispose, en son article 11, que « la libre communication des pensées et des opinions est un des droits les plus précieux de l'homme : tout citoyen peut donc parler, écrire, imprimer librement, sauf à répondre de l'abus de cette liberté dans le cas déterminé par la loi ». La relaxe est motivée de la façon suivante : « Qu'ainsi en apposant sur un support prévu pour la communication des idées ou des informations en réponse ou en complément de ce qui est contenu dans ledit support, les prévenus n'ont pas commis de dégradation ou de destruction mais n'ont fait qu'exercer leur liberté d'expression et de communication ; qu'il convient donc de prononcer la relaxe en considérant que l'exercice de cette liberté ne saurait constituer une infraction, hors les cas limitativement et spécifiquement prévus par la loi, ce qui n'est pas le cas de l'espèce. » (voir annexe 6)

En bénéficiant de la relaxe du juge de premier degré et en obtenant une concertation avec les décideurs publics, Les Déboulonneurs ont remporté une victoire politique importante. La théorie de la désobéissance citoyenne se trouve validée par les faits : en désobéissant à la loi et en revendiquant leur dissidence devant les tribunaux, des citoyens ont réussi à interpeller à la fois l'opinion publique et les autorités politiques en vue d'obtenir une modification de la loi.

Des motivations plurielles

Désobéissants et lanceurs d'alerte sont unis évidemment par un patrimoine commun, même si les modalités les distinguent. Les motivations psychologiques, personnelles, qui les conduisent à rejouer leur vie, en la surjouant peut-être, sont évidemment complexes. Que celui qui semble vouloir sacrifier sa tranquillité sociale, voire familiale, à l'intérêt général

puisse aussi être porté par un mouvement profondément individualiste reste paradoxal.

À dire vrai, il existe toute une gamme chromatique
de motivations. La plus simple est celle de l'injonction
morale d'un citoyen qui surgit, mû simplement par
ses valeurs, son éducation, ni plus, ni moins. D'autres
ajouteront une conceptualisation de leur action et ainsi
la politiseront avec l'espoir d'agréger d'autres citoyens.
Casser l'ennui d'une vie répétitive, lui donner des
couleurs, peut être aussi le terreau d'un passage à l'acte.
Des raisons intimes, qui ne doivent rien à l'éthique mais
qui naissent de la rencontre avec un brutal sentiment
d'injustice, peuvent également fonder une transgression.
Et puis, bien sûr, la volonté d'exister à tout prix comme
condition de sa survie peut faire partir des ressorts
psychologiques invisibles d'un désobéissant. Derrière
chaque grand passage à l'acte, se cache à peine, sans
doute, la quête d'un quart d'heure warholien.

Le désir d'améliorer le monde, cependant, est un
puissant ferment. Edward Snowden dit au *Washington
Post*[1] : « Ceux qui m'accusent de trahison n'ont pas

---

1. Voir l'article publié le 24 décembre 2013 sur le site internet du *Washington Post*, http://www.washingtonpost.com/world/
national-security/edward-snowden-after-months-of-nsa-revelations-
says-his-missions-accomplished/2013/12/23/49fc36de-6c1c-11e
3-a523-fe73f0ff6b8d_story.html

compris mon objectif, je n'essaie pas de mettre la NSA à terre, j'essaie d'améliorer la NSA [...]. Je travaille toujours en ce moment même sur la NSA, ils sont les seuls à ne pas s'en rendre compte.» Lanceurs d'alerte ou désobéissants, tous sont portés par la satisfaction d'œuvrer pour le bien de l'humanité, mais à son corps défendant –puissant élixir.

Edward Snowden n'est pas un militaire mais c'est sa conscience qu'il oppose pour justifier d'avoir désobéi – c'est-à-dire ne pas avoir gardé le secret sur les informations classifiées en sa possession. Toujours dans le *Washington Post*, il dit en décembre 2013 : «En ce qui me concerne, en ce qui concerne ma satisfaction personnelle, la mission est déjà accomplie... J'ai déjà gagné.» Il explique que sa loyauté était ailleurs : elle était supérieure à celle qu'il devait à ses chefs, à son État.

On retrouve ce désir, et en quelque sorte sa récompense, le plaisir, d'être un agent de la mutation du monde quand rien ne bouge. Irène Frachon, quand on lui rappelle que les responsables sanitaires l'ont accusée de chercher à se faire valoir, répond subtilement : «Bien sûr, c'est gratifiant de se sentir utile. Jeune médecin, quand je suis partie six mois avec MSF en Birmanie, j'avais le même sentiment.» Elle souligne que son mari, pour la soutenir, lui répétait : « Tu n'as pas le choix sinon tu es complice. » Révéler les failles d'un système, dénoncer derrière le langage des experts les fables qui tendent à objectiver le mensonge, ne pas en être le complice, tels sont les sentiments irrépressibles qui inspirent l'action des désobéissants et des lanceurs d'alerte. Il y a dans chacune de leurs histoires cette conviction commune : « Ils ne pouvaient pas faire autrement. » Une sorte d'impératif catégorique qui les propulse parfois dans une autre dimension. Quand Irène Frachon évoque sa découverte des connivences en série entre experts et industriels, elle ajoute : « Je suis quelqu'un de très ordinaire qui s'est embarqué dans une histoire extraordinaire. »

Le juré qui avait relaté à un journaliste les conditions, selon lui scandaleuses, dans lesquelles avait été votée la condamnation de l'accusé pour chef de viol, est passé lui aussi brutalement de l'ombre de la salle de délibéré à la lumière des caméras, lorsqu'il a comparu devant le Tribunal de Meaux le 28 novembre 2013, pour violation du secret du délibéré. L'état de nécessité lui a été refusé par le tribunal mais le caractère sincère de son indignation face à ce qui lui était apparu comme une manipulation du vote par la Présidente d'une cour d'assises lui a valu une décision bienveillante[1]. Équilibre délicat, mais la défense a été en partie entendue quand elle a stigmatisé « un système défaillant » et « une hypocrisie judiciaire ».

Le venin et la boue que l'on jette sur ces lanceurs d'alerte pour les disqualifier, en mettant en avant leur boursouflure narcissique, leur égotisme, deviennent finalement un hommage en creux. Car bien sûr, sauter le pas, surgir de l'ordinaire pour écrire de l'extraordinaire, suppose une foi en soi, dans la cause que l'on porte, une foi à certains égards hors normes, sinon cela serait à la portée de tout le monde !

Les femmes qui ont signé le « manifeste des 343 salopes » publié par *Le Nouvel Observateur* le 5 avril 1971, à l'instigation de Simone de Beauvoir et de Gisèle Halimi, non seulement se sont autodénoncées pour donner l'alerte sur l'état d'une législation archaïque, mais, ironiquement, ont anticipé sur la déferlante d'insultes et de sarcasmes qu'elles savaient devoir provoquer. Leur motivation était de changer la loi sur l'avortement : elles ont eu gain de cause après avoir été relayées par 331 médecins, hommes et femmes confondus, qui, en 1973, ont publié un autre

---

1. Ce juré a été condamné à deux mois d'emprisonnement avec sursis par le Tribunal correctionnel de Meaux. La défense a fait appel.

manifeste par lequel ils ont revendiqué avoir pratiqué des avortements. Le Parlement a adopté en 1975 la loi Veil légalisant l'avortement en France.

On touche ici à la fascinante diversité de ce qui inspire ces passages à l'acte : une solide conscience morale peut en être à elle seule le détonateur, mais la prise de risque, quand elle est forte, peut aussi être portée par une forme d'hubris. Comment ne pas concevoir que, pour braver des périls qui menacent de vous mettre sous terre, être escorté par une forme de jouissance ne soit pas indispensable, sinon souhaitable ?

On se souvient ici d'un solide « bon sens commun » qui nourrit autant de préjugés et qui voudrait que toute action désintéressée au nom de l'éthique ne devrait se payer que de larmes et de sang. Seule la souffrance devrait accompagner les lanceurs d'alerte et les désobéissants. En quelque sorte, il existerait une anomalie à être du côté de l'éthique et à en jouir, terrible métaphore de l'air du temps. À contre miroir, le plaisir ne serait légitime que du côté du cynisme.

Il y a un *imperium* dans ces transgressions, qui doit à tous les mystères de l'âme humaine. C'est peu dire que leurs adversaires savent toujours utiliser ces fragilités, ces aspérités pour inlassablement tenter de diaboliser, crucifier, et criminaliser les lanceurs d'alerte et les désobéissants, quand ils ne se criminalisent pas eux-mêmes. Il y a au-delà une terrible défiance de chacun vis-à-vis de celui qui fait tout basculer pour sauver le monde, une figure héroïque, au moins romanesque, une surface de projection qui attise dans un même mouvement louanges et détestations.

Un jeune et talentueux trader licencié pour faute grave, après avoir révélé à sa hiérarchie des manipulations sur le taux de change, nous confiait que l'audace de son geste avait suscité de terribles jalousies. Les mêmes qui, à la machine à café avaient célébré son courage et semblé s'être identifiés à lui, ont rédigé des témoignages à la demande de l'employeur, dénonçant l'esprit d'indépendance et la déloyauté de leur collègue.

Ceux qui ont franchi le Rubicon ont en effet souvent fait l'expérience dans leur chair, leur vie familiale, de ces campagnes de discrédit, ourdies par ceux dont ils ébranlaient la compétence ou l'expertise autoproclamées, conditions de leur pouvoir et de leur enrichissement.

Interroger la motivation des lanceurs d'alerte oblige ainsi à naviguer dans l'extraordinaire complexité des ressorts humains.

Dans l'arc-en-ciel de la désobéissance, ces citoyens agissent sous l'effet d'une brutale colère, d'une indignation irrémissible. Comme les autres, ils rompent un contrat et s'exposent à rejoindre la face noire de tous les désobéissants, celle du traître.

Les lanceurs d'alerte face au secret

Le lanceur d'alerte n'est pas exactement le meilleur ami des secrets, même si, dans certains cas, il peut avoir besoin pour se protéger d'une certaine confidentialité sinon de l'anonymat. Mais les secrets, il les bouscule par définition puisqu'il brise le plafond de verre, révélant des informations dont on voudrait conserver le caractère clandestin et dissimulé.

Briser les secrets conduit d'ailleurs les lanceurs d'alerte aux faits d'armes les plus spectaculaires. Si Barack Obama a annoncé le 17 janvier 2014 une révision des pratiques de la NSA – bien que mineure – ce sont les révélations de Snowden qui l'y ont contraint. On le sait, la collecte des métadonnées (qui appelle qui, où et quand) continuera mais les sondages aux États-Unis montrent que l'opinion publique américaine a évolué, même si elle reste divisée. Le séisme provoqué par Snowden n'en est qu'à son prologue. Il souligne, car Snowden est loin de bénéficier d'une grâce, que la violation des secrets, quand elle est un impératif démocratique de protection des citoyens, peut constituer l'épicentre de la tension la plus forte entre les droits de l'homme et les exigences sécuritaires des États.

Snowden et d'autres lanceurs d'alerte ont déjà contribué à faire bouger les lignes sur des secrets. Gageons que le phénomène ne s'arrêtera pas là. En effet, ce sont les mêmes raisons qui leur confèrent un droit de cité de plus en plus reconnu et qui, parallèlement, rendent de plus en plus inacceptable pour le citoyen le maintien de secrets perçus comme des outils d'impunité pour ceux qui corrompent et malmènent l'intérêt général.

Les secrets, on le sait, sont en même temps la condition du respect de valeurs essentielles, la discré-tion, l'intimité, la vie privée. La rivalité entre les secrets et l'exigence croissante de vérité des citoyens à l'égard de ceux qui sont en responsabilité restera éternellement source de dilemme pour les juges, et d'affrontement entre des impératifs contradictoires. La vitalité d'une démocratie se mesure à sa capacité d'arbitrer en faveur de la transparence, dont il ne faut pas redouter qu'elle devienne une dictature. Le moins que l'on puisse dire est qu'on en est très loin, alors même que les nouvelles technologies, et la mondiali-sation financière offrent au secret des perspectives de plus en plus sophistiquées.

Notre droit protège de nombreux secrets : secret des correspondances, secret de fabrique, secret commercial, secret professionnel, secret défense, secret d'État, etc. Certains sont d'intérêt public, d'autres d'intérêt privé ; d'autres encore ont le dessein de servir les deux, tel le secret de l'instruction. Depuis de nombreuses années, les secrets reculent parce qu'ils sont perçus comme des freins à l'accès à la vérité, ou parce qu'ils sont identifiés à des secrets qui, derrière l'apparence de la préservation des inté-rêts de l'État, ont été manipulés au profit d'intérêts privés – pensons au secret défense. On se souvient de juges d'instruction dans des affaires retentissantes, et c'est malheureusement encore le cas, n'obtenant pas la déclassification d'informations classées secret défense, alors qu'elles ne font que couvrir des petits arrangements financiers entre acteurs privés et publics.

Le recul de ces secrets est décisif pour une meilleure information des citoyens et, ainsi, pour renforcer leur capacité de critique et de participation au débat public. Il est difficile de contester que les grandes batailles qui se mènent aujourd'hui contre l'argent sale, l'évasion fiscale, la corruption, ont gagné en efficacité, et donc en légitimité, parce que des secrets ont cédé. Chose encore impensable il y a vingt ans, la Suisse, une des plus grandes places fortes financières au monde, met en œuvre le renoncement au secret bancaire[1]. Sous la pression du G20 et de l'OCDE, de plus en plus de pays vont s'obliger à coopérer entre eux et à échanger des informations sur les comptes bancaires non déclarés. Des scenarii complexes – ceux révélés par Hervé Falciani – s'élaborent déjà dans l'ombre des ordinateurs tout-puissants pour contrarier, contourner ces ambitions.

Un débat judiciaire, et à certains égards politique, s'est récemment clôturé en France sur le caractère admissible, devant un juge, des éléments de preuve obtenus par une violation du secret bancaire. En effet, la Cour de cassation a mis un terme à cette controverse en considérant, dans un arrêt du 27 novembre 2013, que ces preuves étaient admissibles quand bien même elles auraient été obtenues de façon illicite[2]. C'est un pas important qui démontre que les juges, face à des

---

1. Voir notamment l'article du *Monde* en date du 10 octobre 2013, « Évasion fiscale : la Suisse renonce officiellement à son secret bancaire », http://www.lemonde.fr/economie/article/2013/10/10/evasion-fiscale-la-suisse-renonce-officiellement-a-son-secret-bancaire_3493396_3234.html

2. Cour de cassation, Crim. 27 novembre 2013, n° 13-85.042. La Cour a jugé recevables, à titre de preuve dans un procès pénal, des fichiers informatiques saisis chez un particulier – et qui proviennent d'un vol, les pièces litigieuses ayant été obtenues par l'autorité de poursuivre à l'occasion d'une mesure de perquisition.

enjeux d'intérêt général considérables, savent assouplir le principe suivant lequel, devant le juge pénal, les preuves doivent être obtenues de façon loyale.

Des professions ont été invitées également à violer leur secret au nom de l'intérêt général. C'est le sens de la directive du Parlement européen et du Conseil du 26 octobre 2005, relative à la prévention de l'utilisation du système financier aux fins de blanchiment de capitaux et financement du terrorisme[1]. Les avocats ont protesté et ont considéré qu'ils étaient transformés en dénonciateurs obligés. Un des leurs a saisi la Cour européenne des droits de l'homme. Mais, le 6 décembre 2012, celle-ci a rejeté son recours, estimant que l'obligation de déclaration de soupçons poursuivait un but légitime de défense de l'ordre et de la prévention des infractions pénales et qu'elle était nécessaire pour atteindre le but fixé, soit la lutte contre le blanchiment des capitaux[2]. Il

1. Directive 2005/60/CE du Parlement européen et du Conseil du 26 octobre 2005, http://eur-lex.europa.eu/LexUriServ/LexUriServ.do?uri=OJ:L:2005:309:0015:0036:fr:PDF.

2. Voir le communiqué de presse du Greffier de la Cour : L'obligation de déclaration de soupçon incombant aux avocats dans le cadre de la lutte contre le blanchiment ne porte pas une atteinte disproportionnée au secret professionnel, http://hudoc.echr.coe.int/webservices/content/pdf/003-4185767-4956434.

est vrai que le système mis en place en France est peu contraignant. La loi prévoit que les avocats ne sont pas astreints à la déclaration de soupçon lorsqu'ils exercent une mission de défense. La Cour européenne des droits de l'homme rappelle au soutien de sa décision l'existence en France d'un filtre protecteur du secret professionnel, qui prévoit que les avocats ne communiquent pas directement leur déclaration à l'administration mais à leur bâtonnier. C'est un euphémisme de dire que les avocats peinent à s'acclimater à ce dispositif. En 2011, une seule déclaration de soupçon de leur part est parvenue à Tracfin alors que pendant la même période les notaires en avaient communiqué 1 069, les banques 15 582, les huissiers 17[1].

Ces statistiques ne disent évidemment rien et nombreux sont ceux qui, avant même de s'engager dans de périlleux Meccano juridiques, ont en conscience refusé l'offre faite par leur client.

Les résistances sont encore fortes. Et pourtant le dernier mot appartient à celui qui a pour fonction de représenter les avocats. Ici comme ailleurs, les

---

1. Voir notamment l'article du *Point* en date du 20 septembre 2012, « Lutte contre le blanchiment : les avocats font de la résistance », http://www.lepoint.fr/economie/lutte-contre-le-blanchiment-les-avocats-font-grise-mine-20-09-2012-1508132_28.php

corporatismes ont la vie dure. Certes, les équilibres entre ces différents impératifs de protection du lien de confiance entre l'avocat et le client et de lutte contre le blanchiment des capitaux sont complexes. Reste que l'ingénierie fiscale et juridique proposée, et, bien sûr, pas simplement par les avocats, mais aussi par les juristes et les experts comptables, parce que source de grands profits, est l'instrument indispensable de la version civilisée de l'évasion fiscale, c'est-à-dire son optimisation.

Les tensions sont fortes aussi entre l'invitation faite aux fonctionnaires de révéler des délits ou des crimes, dont ils ont connaissance dans l'exercice de leurs fonctions, et le secret professionnel auquel ils sont parfois astreints. On pense notamment aux fonctionnaires de la police et bien sûr aux magistrats, même s'ils bénéficient d'un statut particulier. Ces conflits de loyauté sont d'autant plus forts que pèsent simultanément sur le fonctionnaire un devoir de réserve, une obligation de discrétion professionnelle, conditions essentielles de l'impartialité et de la neutralité de l'État[1].

---

1. Voir notamment l'article de Frédéric Ocqueteau et Philippe Pichon, « Secret professionnel et devoir de réserve dans la police, le pouvoir disciplinaire face aux lanceurs d'alerte », in *Archives de politique criminelle – Police et justice pénale*, Pedone, 2011, n° 33.

Comme le souligne le rapport 2011, paru en juillet 2012, du Service central de prévention de la corruption (SCPC), l'article 40 reste un dispositif faiblement opérationnel. En effet, les fonctionnaires répugnent à lancer l'alerte et les raisons en sont bien compréhensibles [1]. La loi du 6 décembre 2013 leur a conféré une protection en cas d'alerte de bonne foi équivalente à celle des agents privés. Pour autant, comme cela a été envisagé, il faudra une refonte convaincante du code de déontologie des fonctionnaires, de leurs droits et obligations pour que la révélation de faits graves dans la fonction publique puisse intervenir de façon pacifiée et spontanée.

Depuis longtemps déjà la loi a codifié un droit d'alerte pour une profession : les médecins. Ni son contenu ni son application n'ont été source de grandes controverses. Avec l'accord du patient, le médecin peut ainsi révéler les sévices ou privations qu'il a constatés, sur le plan physique ou psychique, dans l'exercice de sa profession, et qui lui permettent de présumer que des violences physiques, sexuelles ou psychiques de toute nature ont été commises. Ce droit d'alerte existe aussi au bénéfice de tous ceux

---

1. Voir annexe p. 182.

qui, tenus par des secrets, informent les autorités judiciaires, médicales ou administratives, de privations
ou de sévices infligés à une personne qui n'est pas en
mesure de se protéger en raison de son âge, ou de son
incapacité physique ou psychique. Il s'agit de dispositions, à notre sens, les plus abouties en forme d'ins-
titutionnalisation d'un droit d'alerte. Il ne semble pas
exister de raisons convaincantes de la changer.

À l'inverse, les révélations de Snowden, en téta-
nisant les opinions publiques, ont réactivé l'urgence
démocratique que soient institués des mécanismes
de contrôle – c'est la responsabilité du Parlement –
permettant aux citoyens d'être mieux protégés des
menaces sournoises que constituent les écoutes et
fichages illégaux.

Le législateur français en 2014 devrait adopter une
loi instituant un Habeas corpus numérique, c'est-à-
dire un dispositif permettant aux citoyens d'avoir un
accès universel à leur fiche nominative contenue dans
des fichiers et ce, y compris des fichiers de police et
de sûreté. Des rapports de la CNIL, mais aussi des
rapports parlementaires, ont confirmé qu'en France
un fichier sur deux fonctionnait illégalement et, tout
aussi grave, que continuait à figurer sans autocontrôle
un nombre considérable d'informations inexactes,
attentatoires à la vie privée dans le principal fichier
de police : le STIC. Il faut souhaiter que la loi adoptée

soit une loi ambitieuse et moderne, qui donnera le *la* à l'Europe. Nous sommes ici face à rien de moins qu'un enjeu de civilisation. Face au mariage de la haute technologie et du diktat de l'efficacité policière, l'action des lanceurs d'alerte est la plus risquée ; elle est aussi la plus indispensable. Car ces derniers montrent par leur action que la loi doit institutionnaliser des procédures d'alerte, d'information, de vérification au service du bien public.

Il se peut qu'un lanceur d'alerte puisse être poursuivi judiciairement, éventuellement pour diffamation publique, mais aussi pour recel de vol, de documents, ou violation d'un secret. C'est cette dernière infraction qui a été reprochée à Philippe Pichon dont j'étais le conseil : un, policier révoqué de son administration à trente-neuf ans pour avoir dénoncé vainement et à plusieurs reprises les graves dysfonctionnements du fichier STIC, le plus gros traitement automatisé de données personnelles sous forme d'antécédents policiers.

« J'ai une haute idée de mon métier, j'ai alerté l'opinion publique, avant la CNIL, pour améliorer le fichier STIC, pas pour le mettre à bas », argumentait-il. Il a estimé qu'il n'avait pas signé de chèque en blanc à l'État ou à sa hiérarchie, qu'il avait le devoir de résister et donc d'alerter lorsque les valeurs qu'il défendait étaient piétinées par l'autorité. Philippe

Pichon n'a reçu en contrepartie de ses alertes sur l'illégalité du STIC qu'intimidations et harcèlement. Sa vie professionnelle et, en partie, son existence personnelle ont été ruinées.

Lors de son procès, j'ai à nouveau plaidé l'exception de citoyenneté, comme fait justificatif de la violation du secret. La 17e chambre du Tribunal correctionnel de Paris, dans son jugement rendu le 22 octobre 2013 non frappé d'appel, a retenu pour une grande part ce moyen de défense (voir annexe 6). Cette décision montre que les juges commencent à écrire une jurisprudence empreinte d'une certaine bienveillance qui atteste que les interdits et les obligations de la loi peuvent être légitimement contestés, dans certaines conditions évoquées par le Tribunal dans sa décision, par les citoyens, fussent-ils fonctionnaires.

En effet, lorsque les lanceurs d'alerte sont poursuivis, ils le sont bien souvent pour violation du secret professionnel et lorsqu'ils sont licenciés, pour déloyauté, c'est-à-dire pour avoir diffusé des informations confidentielles qu'ils détenaient dans le cadre de l'exercice de leur mission. Lorsque nous évoquerons les stratégies judiciaires (p. 130), nous proposerons un panorama encourageant de la jurisprudence européenne et française.

On est en droit de penser et d'espérer que, progressivement, les lanceurs d'alerte seront exonérés de tout risque pénal, protégés efficacement des risques de représailles de leur employeur, quand, sans nul doute, sera attesté le caractère désintéressé de leur révélation, soutenu par une exigence de protéger l'intérêt général.

Suivant les recommandations du Conseil de l'Europe, nous disons que la loi française aujourd'hui trop frileuse devra, dans des situations qui devront évidemment être précisées, rendre inopposables aux lanceurs d'alerte des secrets, lorsque leur violation est justement sa condition obligée.

Les questions très épineuses résultant des dilemmes, qui ne cesseront de se poser entre l'obligation de respecter un secret et celle dictée par la conscience d'un citoyen, légitiment encore plus que soit prévue, comme nous le préconisons, l'institution d'une autorité administrative indépendante. Nous en détaillerons plus loin la finalité mais c'est en son sein que des personnes qualifiées pourront accueillir et écouter les légitimes tourments des lanceurs d'alerte et, en fonction de la gravité des faits révélés, de la sincérité de la démarche, les vacciner contre tout risque de poursuites, y compris pour la violation des secrets les plus protégés.

Des saints qui sont aussi des traîtres

Il n'y a pas plus janusien que la figure du citoyen désobéissant, lui qui oppose une loyauté suprême pour faire fi de toutes les autres – celle qu'il doit à son entreprise, à son administration, à son pays. Il rejoint ainsi la figure du traître, du mouchard, mais aussi de l'ennemi de l'intérieur, celui qui peut mériter la sanction la plus absolue parce que, brutalement, il fait cesser une farce, une fable acceptée par tous. Il agresse les siens car nous voulons tous croire à un monde parfait, crédible, sans faille. Mais en en révélant les fragilités et les béances, le traître est aussi un sauveur car il est depuis la genèse – la littérature en témoigne puissamment – un acteur de changement.

Dans la trahison, il y a un acte de divulgation presque malgré soi et, en même temps, un acte qui trompe malgré l'autre. Le désobéissant est tout à la fois et de façon évolutive plutôt l'un ou plutôt l'autre. Il veut par son geste, par son infidélité, relever un défi qui est celui de tous les humains, nous aider à frayer un chemin qui rend le monde meilleur.

Les histoires qui traversent ce livre sont celles d'hommes et de femmes qui ne tolèrent plus la duplicité, l'hyper-cynisme avec lesquels les puissants font de leur pouvoir un usage clandestinement contraire à leur mandat, à leurs promesses, jusqu'à se révéler gravement attentatoire à notre intérêt commun. Les scientifiques qui ont dénoncé les conflits d'intérêts meurtriers pour la santé publique ont été vilipendés, persécutés. On a dit d'eux qu'ils étaient des prophètes de malheur, alors qu'ils n'étaient inspirés que par le bien général.

Hervé Falciani a subi dans la presse helvétique des attaques inouïes pour avoir violé le secret bancaire. Il fait toujours l'objet d'un mandat d'arrêt international délivré par les autorités suisses, sur une plainte déposée par la HSBC. La même banque qui, à coups d'affiches magnifiques dans tous les aéroports internationaux, nous annonce sa contribution à un monde meilleur. L'argent n'aime pas le bruit et les lanceurs d'alerte en font beaucoup. Ils s'attaquent à l'essence même de ce qui exige la fabrication de l'argent, sa multiplication : le secret. Depuis son retour à Paris, en juin 2013, l'expertise de Falciani sur les outils utilisés par le système bancaire pour dissimuler, opacifier des dizaines de milliards d'euros, lui vaut d'être célébré, interrogé par des commissions d'enquête, des élus, des ONG. Il reste un criminel selon la loi suisse, mais il est devenu un héraut pour une partie de l'Europe, car il est à l'unisson avec les nouveaux psaumes scandés à la sortie des G20 à Bruxelles. Depuis la crise de septembre 2008, la dérégulation financière et son rôle dans une évasion fiscale, dont on mesure à peine le caractère massif, aurait fait de la planète finance un nouvel ennemi. Elle l'est car, de fait, elle appauvrit simultanément deux caisses : celle de l'État et celle des citoyens.

En avril 2013, une douzaine de traders ont été suspendus pour avoir perverti à leur profit l'indice fixant les cours journaliers des monnaies. Auparavant, une autre enquête avait révélé des manipulations au plus haut niveau sur le Libor, ayant généré des enrichissements colossaux en aggravant la situation de millions d'épargnants[1]. Certes, l'enquête ayant révélé comment des traders de banques actives sur le marché des devises avaient perverti à leur profit

---

1. Sur les manipulations opérées par les traders, on pourra lire « Les traders soupçonnés de manipulation sur le marché des changes auraient agi de connivence » in http://www.lemonde.fr/economie/article/2013/12/20/manipulation-des-changes-les-traders-auraient-agi-de-connivence_4338352_3234.html

Sur le scandale du Libor, voir notamment « Libor : chronologie d'un gigantesque scandale financier » in *Challenges*, http://www.challenges.fr/finance-et-marche/20120720.CHA9181/libor-chronologie-d-un-gigantesque-scandale-financier.html ou « Scandale du Libor : Fannie Mae poursuit neuf banques en justice » in *Le Monde*, http://www.lemonde.fr/economie/article/2013/10/31/scandale-du-libor-fannie-mae-poursuit-neuf-banques-en-justice_3506684_3234.html

les indices fixant les cours journaliers des monnaies a démarré à la suite d'une alerte – celle d'un gestionnaire de patrimoine qui avait découvert la fraude. Mais il y a eu toutes ces dernières années bien peu d'Hervé Falciani qui, de Londres ou de New York, bravant tous les interdits, méprisant tous les secrets, ont révélé ces sinistres supercheries. Face à ceux qui, quotidiennement, fabriquent des hyper-profits dans l'hyper-clandestinité, avec des moyens toujours plus sophistiqués, le chemin sera long pour que le monde accepte d'offrir à ceux qui, à l'intérieur du système, en sont écœurés, une route sans épine qui leur permettra, s'il le faut discrètement, de chuchoter à l'oreille des puissants : « Voilà ce qui se trame, voilà ce qui se prépare encore. »

L'histoire va parfois plus vite que l'on ne l'imagine. Le 23 décembre 2013, le *Financial Times* révèle que ces différents scandales ont encouragé très récemment de plus en plus de citoyens à lancer l'alerte auprès des régulateurs financiers aux États-Unis et en Grande-Bretagne. Du 1er janvier au 31 octobre 2013, la Financial Conduct Authority (FCA) a enregistré une augmentation de 72 % d'alertes par rapport à une première période précédente de douze mois. L'enquête effectuée par le journal anglais souligne que les lanceurs d'alerte se sentent mieux protégés. Aux États-Unis également, les alertes ont crû sensiblement, mais l'administration américaine les rémunère. Le *Financial Times* indique qu'une somme de quatorze millions de dollars a été payée à un seul lanceur d'alerte dont les informations avaient été considérées comme décisives dans la récupération de fonds d'épargnants. Londres envisage de lancer également des incitations financières. Notre culture s'y oppose et il faut y rester fidèle. Nous n'avons pas à tout imiter : encourager par l'argent les abus de l'argent peut à terme défigurer la légitimité et la crédibilité des lanceurs d'alerte. Il existe néanmoins des situations exceptionnelles où, face à l'impuissance de l'État à recouvrer des sommes considérables, la rémunération d'un citoyen pourrait apparaître légitime.

Il y a donc une hiérarchie dans l'indignation, la révolte, et dans son admissibilité qui évolue et s'élargit sous nos yeux. S'agissant des faits de corruption les plus graves, un consensus se consolide progressivement pour protéger ceux qui les révèlent. Il en va de même pour ceux qui dénoncent les effets meurtriers pour la santé publique de l'obsession du profit des laboratoires pharmaceutiques.

La loi adoptée le 16 avril 2013, qui protège ceux qui révèlent des faits relatifs à un danger pour la santé publique ou l'environnement, en est l'illustration (voir annexe 3). Reste l'immense trou noir que constituent les paradis fiscaux[1]. Le jour où les îles Caïman, Hong-Kong, les Bermudes seront exemplaires dans la protection des lanceurs d'alerte, ils seront mécaniquement les partenaires de leur ruine et de leur malheur. Au Luxembourg, pays dont 25 % du PNB provient des produits financiers, une loi adoptée en 2011[2] – le haut de gamme en termes de protection des lanceurs d'alerte – n'a pourtant encouragé aucune révélation significative d'un employé de banque ou d'un trader. Le moins que l'on puisse dire est qu'il y a dû avoir mille occasions de le faire. En même temps, ce pays reste réfractaire à se conformer aux normes de transparence et d'échange de renseignement à des fins fiscales édictées par l'OCDE. Ceci explique cela : la meilleure des lois ne peut rien faire contre l'omerta quand elle est profondément vécue et respectée comme la loi commune.

---

1. On se référera à l'ouvrage écrit par Gabriel Zucman, *La Richesse cachée des Nations*, Le Seuil, 2013. Son étude, qui rappelle que 8 % du patrimoine financier des ménages est détenu dans des paradis fiscaux à l'échelle mondiale, souligne l'incroyable adaptation des outils et structures qui y sont proposés pour constituer des abris toujours plus imprenables.

2. Il s'agit de la loi du 13 février 2011 dite « de lutte contre la corruption » : http://www.legilux.public.lu/leg/a/archives/2011/0032/a032.pdf#page=2.

Avec Edward Snowden, l'image double des désobéissants est paroxystique. S'il n'était pas en Russie – sinistre histoire que d'être protégé par un homme qui accable ses citoyens –, il pourrait être exfiltré par un commando de marines partout où il se cacherait. Pour l'administration américaine, et pour beaucoup d'Américains, Snowden est le pire des traîtres car, « par sa faute », Washington et ses agences ont été fragilisés dans leur capacité d'anticiper sur des menaces d'attentats terroristes. Il est par essence l'ennemi de l'intérieur, mais aussi celui qui pourrait rendre l'Amérique plus vulnérable. Il a commis le pire des blasphèmes et, simultanément, a rendu service comme sans doute aucun, dans l'histoire contemporaine, ne l'avait fait. Il a révélé que les États-Unis avaient mis la planète et nombre de ses dirigeants sur écoute et, au-delà, des milliards d'habitants. On lui promet la prison à perpétuité mais d'autres veulent lui proposer un prix Nobel de la paix. Grâce à lui, a été démasqué ce que beaucoup connaissaient : l'immense société de surveillance que les Américains ont établie avec l'aide hypocrite de certains de leurs alliés européens.

Mais la figure du traître, pour une partie de l'opinion publique américaine, commence à s'effacer derrière celle du héros. Le 1ᵉʳ janvier 2014, le *New York Times* écrit : « Considérant l'énorme valeur des informations qu'il a révélées, M. Snowden mérite mieux qu'une vie d'exil permanent. »

La pire des menaces pour les lanceurs d'alerte restera la menace terroriste et, au-delà, les menaces réelles ou manipulées pour la sécurité des citoyens. Cependant, les temps commencent à changer. On l'a vu, Edward Snowden ne regrette rien, il semble toujours porté par la foi et la satisfaction d'avoir œuvré comme jamais pour le bien commun. Même un juge américain s'est récemment interrogé sur le caractère constitutionnel de collecte des données mis en place par la NSA[1]. Des plaintes ont été déposées. Des commissions d'enquête ici ou là ont été constituées. C'est parce qu'un seul homme a pu opposer à un système par ses révélations l'adhésion de milliards d'humains que le rapport de forces semble peut-être vouloir vaciller.

Cette inégalité des armes est variable. Dans des États comme Israël, où planent l'inquiétude face à la

---

1. Lire à ce sujet « *Judge : NSA's collecting of phone records is probably unconstitutional* », in *Washington Post*, 16 décembre 2013, http://www.washingtonpost.com/national/judge-nsas-collecting-of-phone-records-is-likely-unconstitutional/2013/12/16/6e098eda-6688-1 1e3-a0b9-249bbb34602c_story.html

menace d'attentats ou de guerre et, aussi, une certaine résignation, les militaires lanceurs d'alerte qui ont créé le mouvement « *Breaking the silence* » [1] n'ont pas rencontré, sauf pour une minorité, un franc succès. Ils sont même discrédités par une partie de la gauche israélienne. Pourtant, ces hommes, qui risquent des poursuites disciplinaires lourdes, ont courageusement levé le voile sur les graves abus commis pendant la seconde intifada [2].

On est en droit de faire un parallèle entre les logiques de ces systèmes sécuritaires, bancaires, voire, dans certains cas, industriels, et les logiques très primitives, mais aussi très sophistiquées, de la mafia. Dans les deux cas, les risques pour celui qui brise l'omerta sont toujours à la mesure des révélations faites. Les sanctions et les intimidations empruntent au même vocabulaire et aux mêmes pratiques. Néanmoins, il y a une différence de taille : un mafioso commet des crimes, un agent de la NSA

---

1. À ce sujet, voir l'article publié dans *Le Monde Diplomatique* de septembre 2011 consultable sur http://www.monde-diplomatique. fr/2011/09/RAPOPORT/20924 ou, plus directement, se référer à la page internet du mouvement : http://www.breakingthesilence.org.il

2. Voir par exemple ce témoignage : *We killed police who weren't armed* http://www.breakingthesilence.org.il/testimonies/database/125637.

ou un employé de banque n'en commet pas. Il est, au pire, par l'accomplissement de ses missions, un complice actif du système, mais il n'en est pas le bénéficiaire cynique et immoral. C'est pourquoi il n'y a pas de lanceur d'alerte dans la mafia mais uniquement des repentis : des hommes et des femmes qui cherchent à troquer, parce qu'ils n'en peuvent plus, un peu de mansuétude de la part des juges contre la mise au jour d'un pan de l'architecture criminelle. Ils le payent au prix cher : opération chirurgicale, mesure de protection pour eux et leur famille qui les mettent dans une forme de cavale psychique, dans des existences éternellement ghettoïsées. L'ultime frontière entre ces deux mondes, c'est celle que nous devons clairement protéger. Un tueur repenti restera à tout jamais un banni, un lanceur d'alerte ne devrait jamais le devenir, mais toujours retrouver sa place dans la communauté des hommes.

Seconde partie

COMMENT SORTIR DE L'OMBRE ?

Un phénomène en pleine expansion

Le kaléidoscope des lanceurs d'alerte, des désobéissants, ne cesse de s'étendre sous nos yeux. De
nouvelles figures vont surgir de lieux où on ne les
attendait pas. La Toile, les blogs sont déjà un territoire bouillonnant d'alertes en tous genres, avec
sa suite d'effets pervers, de noms jetés en pâture,
de règlements de comptes, de graves atteintes à la
présomption d'innocence, à l'intimité de la vie privée.
Raison de plus, face à la montée de cette déferlante,
de se doter d'outils qui, à la fois, protègent ceux qui
font acte de révélation, mais aussi les canalisent et
dissuadent les mauvais grains de se cacher derrière les
bons.

Les pistes que nous allons ébaucher ont vocation
à s'appliquer aux citoyens qui peuvent et veulent

anticiper la révélation de faits, alors qu'ils disposent d'outils plus ou moins protecteurs (règlement inté-rieur de l'entreprise ou loi nationale) : les lanceurs d'alerte. Ces pistes s'adressent aussi aux désobéis-sants, c'est-à-dire cette communauté de citoyens qui ne divulguent rien mais, en violant délibérément la loi, sonnent l'alerte.

Il existe en effet des règles de vigilance qui s'appliquent aussi bien au lanceur d'alerte dans le cercle privé, ou dans le secteur public, qu'à ceux qui s'inscrivent dans la mouvance des désobéissants citoyens. Elles ont vocation à s'appliquer universel-lement, même si les cultures d'entreprise ou les lois nationales ne peuvent que conduire les acteurs à les appréhender différemment.

Sacrifier son intérêt individuel au nom de sa conscience morale peut conduire au pire des calvaires : essuyer un licenciement pour faute grave, s'exposer à la révocation quand il s'agit d'un fonc-tionnaire, et, risque ultime des poursuites judiciaires, pour diffamation ou violation de secrets. Pris par la fièvre de l'indignation, et parfois par l'attraction légi-time et compréhensible pour la figure héroïque qui s'offre à lui, le citoyen prêt à révéler ou à désobéir risque toujours de négliger le minimum d'anticipa-tion nécessaire pour ne pas être le partenaire brutal de son malheur.

Aussi, avant toute transgression, un citoyen, qui de façon putative est déjà un lanceur d'alerte, doit-il évaluer par tout moyen l'impact possible de sa révélation.

Un rapport publié par le Conseil de l'Europe le 20 décembre 2012, se fondant sur différentes recherches, souligne que la principale raison pour laquelle les lanceurs d'alerte potentiels gardent le silence est qu'ils pensent que leurs révélations resteront sans suite. Contrairement à ce que l'on peut penser, la crainte des représailles vient après. En fait, dans bien des cas, l'incrédulité à laquelle il va falloir faire face est sous-estimée. Le nez dans le guidon, un citoyen exaspéré a du mal à se persuader que le fait qu'il va mettre en lumière peut susciter scepticisme et grimaces. Étrange paradoxe de voir les mêmes citoyens de plus en plus défiants par rapport au discours des puissants et pourtant dans un état de sidération face à certaines révélations.

Il serait téméraire de notre part de proposer une boîte à outils offrant une panoplie de feuilles de route qui pourraient répondre à chaque situation individuelle tant elles sont plurielles. Mais une première vigilance s'impose : il faut impérativement mesurer ses forces personnelles, familiales et professionnelles. Il faut aussi s'interroger sur les appuis possibles que l'on peut trouver du côté des syndicats et des organisations professionnelles.

Cette réflexion est difficile car, en commençant à se révéler, on prend le risque de susciter l'opprobre, y compris chez ses collègues, véhiculant ainsi l'image du traître et toutes ses conséquences nauséabondes. Il y a donc une prise de risque à assumer, qui se réduit en fonction de l'intensité des vérifications préalables faites par le lanceur d'alerte. Des vérifications lui permettant d'étalonner les inconvénients de son passage à l'acte au vu du rapport de forces interne, et que, si besoin publiquement, il pourra favoriser.

Il est évidemment moins délicat de procéder à une révélation publique, ou même d'assumer un acte illégal au nom de la désobéissance citoyenne, quand l'intérêt général qui est le drapeau de son action est déjà au cœur de l'actualité – ou sur le point de l'être. Pister les événements marquants à venir peut aider à prendre toutes les dispositions pour rendre son action la plus citoyenne possible. Toutes les causes n'ont pas la même valeur, la même légitimité, au même instant auprès de l'opinion publique. Il y a une sorte de volatilité qui, de façon invisible, en bouscule la hiérarchie. Aujourd'hui, les lanceurs d'alerte qui agissent pour dénoncer la corruption, les manquements des banques à leurs obligations, ont le vent en poupe. Gageons également que, dans le domaine de la santé publique, se préparent déjà pour les années à venir de nouvelles révélations en provenance de l'industrie pharmaceutique.

Nos sociétés fabriquant chaque jour de nouvelles exaspérations, jaillissent autant de nouvelles alertes dont le spectre, de façon il est vrai un peu effrayante, ne cesse de s'élargir. Ainsi, l'intolérance croissante à l'inégalité de traitement, aux discriminations, en période de crise économique et donc de précarisation, a fait surgir ces dernières années de nouveaux lanceurs d'alerte ou des désobéissants. Ils ne nous parlent plus d'argent sale ou de médicaments dont la rentabilité extrême aurait conduit à sacrifier la santé des malades, mais ils nous parlent tout simplement de dignité, des insupportables atteintes à un minimum vital que des règlements aveuglément appliqués conduiraient à balayer.

Dans toutes les situations, notre citoyen doit s'interroger sur l'intensité probable avec laquelle ceux qui auront à connaître sa révélation la considéreront comme citoyenne, c'est-à-dire fondée sur la défense d'un intérêt considéré non seulement comme général, mais en danger. Il y a ici un principe de proportionnalité simple : plus la menace apparaîtra sévère, immédiate, plus la révélation sera considérée comme légitime.

Il y a un autre principe qu'il faut avoir à l'esprit, plus délicat à mettre en œuvre : celui de l'intensité avec laquelle l'opinion publique, les décideurs, les journalistes vont enfourcher, même avec des réserves, la controverse que va susciter la transgression envisagée.

S'il y a une peur qui peut bâillonner ceux qui voudraient du fond de leur commissariat être des lanceurs d'alerte, c'est bien celle alimentée par le sentiment d'insécurité, lui-même toujours dopé par la valse des démagogues dont on voit chaque jour le spectacle répugnant.

Il y a enfin un ultime principe de proportionnalité : plus les faits révélés touchent aux grandes fonctions régaliennes de l'État, la protection des citoyens notamment face à la menace terroriste, la défense du territoire, plus la révélation sera périlleuse, parce que perçue comme illégitime par la majorité des citoyens. À une intensité moindre, les citoyens qui dénoncent aujourd'hui le sort indigne réservé parfois à des enfants d'immigrés clandestins ou à leurs parents, lors d'interpellations, peinent à rencontrer le plus grand nombre. Sur ces deux questions centrales, la sécurité et l'immigration, le vent n'a pas tourné en faveur des lanceurs d'alerte, alors même qu'ils n'ont jamais été si indispensables.

Un homme, cadre dans une entreprise fabriquant des systèmes d'interception des conversations téléphoniques, du matériel classé secret défense destiné à l'exportation, avait souhaité élaborer une stratégie pour révéler sans trop de casse le détournement de ce matériel à des fins totalement étrangères – la persécution d'opposants – à ce à quoi il était destiné – la menace terroriste. Il était seul, proche de la retraite, sans aucun soutien interne possible. Les eaux glacées de la raison d'État avaient imprégné les consciences de tous ses collègues. Il savait que les représailles seraient très lourdes et que des moyens extrêmes seraient mobilisés pour le discréditer, le précariser. Il a renoncé.

Ainsi, plus la figure du lanceur d'alerte s'éloigne mécaniquement de celle du héros pour rencontrer celle du félon, et plus les décideurs pourront opérer avec succès un ignoble chantage : celui consistant à faire croire que le lanceur d'alerte, par sa folie, son narcissisme, a endommagé tous les dispositifs protecteurs des citoyens, voire a compromis l'obtention de marchés fructueux. On entend déjà ceux qui n'hésiteront pas à insulter ces citoyens : des agents anti-France, des Français qui jouent contre leur camp et qui contribuent à l'augmentation du chômage.

Nous sommes à cet endroit dans le grand écart absolu, celui où la révélation est portée par un intérêt général planétaire hyper-légitime célébré à bas bruit par certains dirigeants : la protection de la vie privée mais aussi des droits de l'homme, et celui où elle est simultanément considérée par l'État et les entreprises, qui en sont ses sous-traitants, comme la pire des menaces pour les citoyens.

Immense légitimité contre une totale illégitimité, sursaut éthique majestueux contre l'hypercynisme, telles sont les équations dans lesquelles se sont trouvés Snowden et Manning.

Telle pourrait être aussi, demain, l'équation d'un fonctionnaire travaillant au sein des services de police dédiés à la lutte contre le terrorisme, qui serait confronté à des faits de torture ou des écoutes clandestines. En dépit de l'article 40 du Code de procédure pénale, il risquerait fort, avant de s'adresser à sa hiérarchie et de sortir du bois, d'y réfléchir à deux fois. Certes, *Le Canard enchaîné*, *Le Monde* et *Mediapart* sont destinataires au compte-gouttes d'informations sur ce qui se trame dans les caves de notre République. Certes, il y a eu des fonctionnaires courageux pour dénoncer de graves illégalités, mais s'agissant d'écoutes illégales ou de mauvais traitements en garde à vue, l'omerta reste lourde en France comme dans les autres pays européens.

D'ailleurs, le Conseil de l'Europe admet bien que, pour des agents publics ayant pour mission la défense des intérêts fondamentaux de l'État, la protection des lanceurs d'alerte pouvait être moindre.

Limiter les dommages collatéraux

Il est bien sûr essentiel, quelles que soient les circonstances, que l'agent public ou privé sonde le terrain auprès de personnes de confiance, s'interroge sur les pièces qu'il pourra utiliser pour anticiper un peu la potentialité d'écoute et d'accueil indispensable pour éviter d'être un prophète de malheur. Les situations de précarité, la solitude affective, professionnelle, ne sont guère les amis du lanceur d'alerte. Quand le ressentiment se conjugue avec l'indignation, celle-ci disparaît au profit de ce qui n'est perçu que comme de l'amertume. Injuste scénario où, parfois, des citoyens qui seraient les plus légitimes à agir se trouvent aussi les plus piégés.

Il est absolument certain que tout lanceur d'alerte potentiel doit s'efforcer de préparer, s'il le peut, de façon rigoureuse, pensée, la transgression qu'il va commettre. Facile à dire, certes ! Mais les appuis des proches et de la famille seront indispensables. Les secousses peuvent être terribles et nous avons été témoins de situations de naufrages absolus. Des études ont été faites en Europe et aux États-Unis qui démontrent que, si avec le temps parfois des résiliences définitives s'opèrent, les syndromes post-lanceurs d'alerte peuvent être très longs à s'effacer.

Ainsi, plus cette préparation sera effective et plus il sera en mesure de légitimer auprès des tiers et de l'autorité judiciaire – et c'est l'ambition – son passage à l'acte. Par là même, les risques de dommages collatéraux et de balles perdues seront limités.

Concernant un agent public ou privé, il est évident que s'assurer de la protection d'un ou plusieurs syndicats ou associations, avant toute sortie de l'ombre, peut être primordiale. Cela vaut également si l'alerte, dans son cheminement, reste tapie derrière les murs de l'entreprise ou du bâtiment administratif. Les assises de vie du citoyen devront être d'autant plus solides que l'alerte monte vers la hiérarchie, là où le soutien attendu peut devenir une menace.

Nous sommes peut-être un peu dans la fiction, car la sensibilité des grandes organisations syndicales à ceux qui transgressent la loi ne relève pas nécessairement de l'empathie. Certains voient dans la démarche des lanceurs d'alerte une démarche individualiste, sinon élitiste. Il y a bien des conservatismes, des rigidités qui devront être dépassés dans le futur pour permettre à ces lanceurs d'alerte de bénéficier du bouclier d'une organisation syndicale. En 2005, Force ouvrière publiait : *Les systèmes d'alerte éthique. Une conception bien désagréable de la démocratie en entreprise.* La CFDT quant à elle, en 2010, dans sa revue consacrée aux cadres, publiait un article sur les lanceurs d'alerte sous le titre « Dénoncer ou alerter ? ». Dans le domaine de la santé publique, c'est une litote de dire que les chercheurs qui ont dénoncé des conflits d'intérêts n'ont pas véritablement été soutenus par les grandes fédérations. L'image du délateur, du corbeau, du mouchard, s'estompera sans doute mais lentement, elle reste encore pesante dans les mentalités, et ce, dans tous les secteurs de l'entreprise.

Néanmoins, les mentalités syndicales évoluent. Ce sont leurs collègues africains, les syndicats des multinationales, qui ont encouragé leurs homologues européens à se prononcer collectivement pour une inscription du droit d'alerte dans les conventions internationales de l'Organisation Internationale du Travail (OIT)[1]. Par ailleurs, la loi a instauré des

---

1. Manifeste UNI Europa cadre, 2012, cité par Nicole Marie Meyer dans son rapport 2012 à Transparency International.

dispositifs d'alerte dont les institutions représen-
tatives du personnel (IRP) s'emparent de plus en
plus – la crise, bien entendu, les y encourage. Ce
sont ces dispositifs qui leur permettent par exemple
de demander des informations complémentaires sur
la teneur d'un rapport de gestion avant qu'il ne soit
présenté devant l'assemblée générale des action-
naires. La loi du 12 juillet 2010 issue des débats du
Grenelle de l'environnement a amorcé une dyna-
mique en faveur d'un droit d'alerte s'agissant des
informations extra-financières, c'est-à-dire la responsabilité sociale, environnementale et sociétale des
entreprises. Nous n'en sommes qu'aux prémices
mais les ONG et les associations de consommateurs
auront de plus en plus vocation à se saisir de ces
nouveaux outils, même insuffisants, pour demander
des comptes, au vu des informations qui seront révélées dans des domaines qui ne leur sont pas encore
très familiers.

Pour autant, ce sentiment que chacun porte une
responsabilité citoyenne – une coresponsabilité –
face aux grandes peurs collectives, elles-mêmes
irriguées par la perception de risques qui s'accen-
tuent, conduit de plus en plus les grandes centrales
syndicales, y compris à l'échelon européen, à élargir
leur agenda traditionnel – certes, à petits pas japonais – vers celui qu'imposent toutes les menaces qui

pèsent sur la planète et l'humanité. Un jour viendra où toutes les centrales syndicales du monde bancaire soutiendront publiquement le cadre qui aura révélé des circuits d'argent sale gigantesques. Cela peut arriver demain, même si le chômage et la crise économique peuvent toujours brider les meilleures consciences.

Renoncer à révéler de grandes sources d'insécurité pour le bien public, l'intérêt commun, pour ne pas aggraver sa propre insécurité, tel est le dilemme du lanceur d'alerte potentiel.

Ce dernier peut également se rapprocher des principaux acteurs de la société civile et, dans les cas de dénonciation d'infractions financières, telles que la corruption, aux associations dédiées.

La proximité éventuelle avec un maire, un élu de la République, peut participer à l'élaboration de ce bouclier. La combinaison de l'ensemble de ces protections ne sera évidemment pas toujours suffisante pour empêcher les foudres de la loi ou les représailles d'un employeur, qu'il soit public ou privé. Si le lanceur d'alerte ou le désobéissant présume que son *coming out* va provoquer des poursuites judiciaires, un conseil de bon sens s'impose, prendre en amont contact avec un avocat et préparer avec lui non seulement la stratégie d'audience mais, en collaboration avec ses proches ou des ONG, la stratégie d'action.

La chaîne hiérarchique : un chemin semé d'embûches

La situation la plus fréquente dans laquelle va se trouver le lanceur d'alerte, c'est celle où le règlement intérieur de son entreprise, ou les recommandations de son administration, l'invitent avec plus ou moins d'insistance à partager ses révélations avec la hiérarchie. S'agissant des agents privés, notamment dans le secteur bancaire, il existe des règlements intérieurs qui imposent aux salariés de révéler d'abord les faits répréhensibles à des cadres dont la fonction précisément est de trier, d'apprécier la validité et la pertinence de la révélation (en anglais les *compliance officers*).

Il est essentiel de souligner que les citoyens ont toujours le choix et que, même si leur employeur leur dit le contraire ou leur exhibe un règlement contraignant, et même si la hiérarchie pour des agents publics les décourage de s'adresser à des tiers, ils peuvent organiser leur révélation comme ils l'entendent. C'est le sens des travaux de la CNIL sur le dispositif d'alerte professionnelle mise en œuvre sur le lieu de travail. La CNIL rappelle que « l'utilisation des dispositifs d'alerte ne doit pas faire l'objet d'une obligation, mais d'une simple incitation [...]. Rendre obligatoire la dénonciation reviendrait en réalité à transférer sur les salariés la charge de l'employeur en matière de respect du règlement intérieur[1] ».

La CNIL a pris soin d'encadrer ces systèmes spécifiques de « lignes éthiques » pour éviter qu'ils deviennent des canaux de délation. Elle a exigé que les droits des personnes mises en cause directement ou indirectement dans une alerte soient garantis au regard des règles relatives à la protection des données personnelles.

La CNIL, en rappelant que ces lignes éthiques sont facultatives, souligne que le lanceur d'alerte a le choix. En effet, la voie hiérarchique peut être à l'origine de tous les calvaires. S'adresser brutalement à des tiers aussi. Il y a donc un arbitrage qui dépend

---

1. Document d'orientation adopté par la CNIL le 10 novembre 2005 définissant « officiellement et publiquement [s]a position » à propos de la mise en œuvre de dispositifs d'alerte professionnelle, consultable à http://www.cnil.fr/fileadmin/documents/La_CNIL/actualite/CNIL-docori-10112005.pdf

essentiellement de la mise en balance des risques d'une révélation par la voie interne et du rapport de forces qui pourra être créé en s'adressant à des tiers et *a fortiori* au public.

S'adresser à la hiérarchie sans aucune anticipation ? Un excès de naïveté peut conduire à des effets boomerang non réparables et non rattrapables. En haut de la chaîne hiérarchique, il existe un arbitre : c'est celui qui va décider ou non, en fonction du rapport qui lui sera fait, de donner suite à la révélation. Nous avons rencontré un cadre d'une grande entreprise de produits chimiques qui, après s'être confié de façon angélique à son PDG, avait vu ce dernier se retourner contre lui et appliquer une stratégie ahurissante visant à le marginaliser et à l'humilier. Ses collègues s'étaient détournés de lui, tel un lépreux. Il avait été si broyé qu'il en avait perdu toute confiance en lui, en sa capacité d'aller au bout de la promesse qu'il s'était faite. Dans certaines entreprises, mais aussi au sein de l'administration, celui qui met un terme à l'allégeance fait œuvre de dissidence. Il met le doigt sur la face sombre de son activité et peut s'exposer à tous les risques.

Or, si ce n'est quelques lois pour l'instant marginales comme la loi espagnole, il n'existe pas de système légal qui criminalise celui qui se tait, c'est-à-dire celui qui ne révèle pas[1]. Concrètement, cela signifie que celui qui a le dernier mot sur la révélation n'est pas sanctionnable s'il abstient essentiellement pour protéger la réputation de son entreprise, sinon sa profitabilité. Cette carence est lourde de

---

1. C'est notamment parce que la loi suisse criminalise celui qui, travaillant dans un banque, révèle des informations et que la loi espagnole fait l'inverse, c'est-à-dire criminalise celui qui se bâillonne, que les juges espagnols ont le 8 mai 2013 refusé l'extradition d'Hervé Falciani réclamée par la Suisse. De fait, les lois espagnoles du 28 décembre 1993 et du 28 avril 2010 font obligation à toute personne, et notamment à celles travaillant dans le secteur bancaire, de communiquer aux autorités les informations dont elles disposent à propos d'opérations pouvant être en relation avec une infraction financière. Et de préciser que tout manquement à cette obligation constitue une infraction pénale. Ainsi, poursuit la loi, une telle divulgation, de bonne foi, ne constitue pas une violation du secret professionnel ou du secret bancaire et ne saurait conduire à des poursuites sur ce fondement. La législation pénale suisse suit, quant à elle, une logique diamétralement opposée puisque le code pénal, en son article 273, y incrimine notamment le fait de chercher « à découvrir un secret de fabrication ou d'affaires pour le rendre accessible à un organisme officiel ou privé étranger » ainsi que le fait de rendre « accessible un secret de fabrication ou d'affaires à un organisme officiel ou privé étranger ». La violation du secret « d'affaires » est punie d'une peine pouvant aller jusqu'à trois ans d'emprisonnement. Plus spécifiquement, l'article 47 de la loi fédérale sur les banques et les caisses d'épargne réprime dans les mêmes termes « celui qui, intentionnellement : en sa qualité d'organe, d'employé, de mandataire ou de liquidateur d'une banque » « révèle un secret à lui confié ou dont il a eu connaissance en raison de sa charge ou de son emploi » ou « incite autrui à violer le secret professionnel ».

conséquences, mais pour l'instant, c'est le système qui règne majoritairement.

Il est bien évident que Snowden n'avait aucun concours à espérer de ses supérieurs hiérarchiques puisque ce sont eux qui le criminalisent.

D'ailleurs la loi américaine (voir annexe 4) exclut de ses dispositions protectrices ceux qui travaillent au sein des services chargés de la sécurité de l'État.

Irène Frachon non plus n'a pas bénéficié du moindre appui de sa hiérarchie. Elle n'avait évidemment aucun soutien à espérer de la direction de Servier.

Quand Hervé Falciani, lui, s'interroge à Genève sur les protections qu'il pourrait recevoir de ceux qui, en interne de la banque HSBC, sont chargés d'écouter les lanceurs d'alerte, il mesure que c'est pire que de se jeter dans la gueule du loup. Il ne trouvera pas meilleur accueil en se rapprochant de certains avocats de la place, mais peut-être a-t-il fait de mauvais choix...

Un ancien collaborateur de l'Agence française du développement (AFD) m'a fait part de l'extrême difficulté pour les fonctionnaires qui y travaillent de révéler les faits de corruption dont ils ont parfois connaissance, en marge de la mise à disposition de fonds publics vers l'Afrique. Il est vrai que, pendant des années, on a voulu protéger au risque de l'omerta les bénéficiaires de cette manne nationale.

Certes, les contrats publics de l'AFD ont été truffés de clauses anticorruption, certaines ont été remaniées pour les rendre plus contraignantes, mais globalement il subsiste un tropisme fort en faveur de l'inaction et de la non-révélation.

La question se posera de plus en plus : une protection effective des lanceurs d'alerte ne doit-elle pas imposer, dans certaines circonstances, quand le supérieur hiérarchique (qu'il s'agisse d'un haut fonctionnaire ou de la direction d'une entreprise) maintient l'omerta parce qu'il est *de facto* complice ou bénéficiaire, au moins moralement, sinon juridiquement, que ce dernier soit poursuivi ?

En l'absence d'une loi qui dissuaderait le silence du supérieur hiérarchique en le criminalisant, le salarié ou l'agent public qui partage l'information en interne s'expose mécaniquement à des représailles et des intimidations s'il n'a pas la garantie d'être entendu. Il n'aura donc pas d'autres solutions que d'effectuer cette révélation à ses risques et périls, c'est-à-dire auprès des tiers ou de l'autorité judiciaire.

Le journaliste peut-il être un allié ?

Le premier tiers qui peut s'imposer pour la majorité des lanceurs d'alerte est le journaliste. Cette stratégie peut mettre à l'abri mais a aussi ses limites.

Le premier avantage est bien entendu de se réfugier derrière le journaliste et de choisir, le cas échéant, l'anonymat, car le journaliste, lui, peut se blottir derrière le secret des sources.

Si le lanceur d'alerte reste anonyme, il ne s'expose pas *a priori* aux représailles, mais il prend tout de même le risque d'être identifié car il ne peut pas maîtriser le contenu des articles qui seront écrits, et ce, quelle que soit sa relation de confiance avec le journaliste.

Il ne peut pas non plus maîtriser tous les effets indirects et en cascade que l'article pourra provoquer. Dans ces conditions, même en bénéficiant de la protection du secret des sources, qui reste un des privilèges nécessaires des journalistes, il prend malgré tout un risque. Bien sûr, il peut essayer de le limiter en construisant avec le journaliste une relation de proximité suffisante pour exercer, tant que possible, un minimum de contrôle sur les conditions dans lesquelles les informations qu'il a communiquées seront révélées.

L'espoir du lanceur d'alerte se limite – encore une fois s'il reste anonyme – à ce que les révélations déclenchent une enquête, un débat public, mais le quatrième pouvoir a ses limites, et l'anonymat dans certains cas peut ruiner le caractère sérieux de l'enquête qui doit rester l'épine dorsale du travail des médias. Or la divulgation de son identité par le lanceur d'alerte auprès d'un journaliste demande quelques précautions.

En effet, la dictature de l'immédiateté, la course à l'échalote à laquelle se livrent les journalistes d'investigation pressurisés eux-mêmes par une hiérarchie inquiète de l'effondrement des ventes d'un journal peut conduire à de graves déconvenues.

Nous connaissons des situations où les journalistes, après avoir pressé un lanceur d'alerte comme un citron pour rédiger des articles en forme de scoop, les ont abandonnés en cours de route, passant à autre chose. Un lanceur d'alerte en chasse un autre.

Surtout, en sortant de l'anonymat, ce dernier n'est plus une source protégée, alors même que le journaliste devient un lanceur d'alerte de second degré. C'est lui qui, maintenant, sera le plus protégé après le vote prévu pour 2014 d'une loi dont le projet a été présenté à l'Assemblée nationale le 12 juin 2013, afin de renforcer la protection du secret des sources des journalistes[1].

Le risque d'une intrusion de l'administration pour essayer de démasquer la source du journaliste est amené enfin à se réduire. Le lanceur d'alerte anonyme, par ricochet, en est un peu plus protégé.

En outre, la jurisprudence française immunise le journaliste contre les risques de poursuites quand, dans le cadre d'un procès pour diffamation publique, il fait verser aux débats des pièces provenant d'un dossier d'instruction, ou les communique, après les avoir parfois saisies *via* le collaborateur d'une entreprise ou d'une administration.

Ce citoyen, lui, peut être poursuivi, et c'est arrivé dans bien des cas, pour divulgation du secret professionnel, recel de vol. Car pour authentifier son enquête, le journaliste ne manquera pas – et c'est légitime – d'exercer à son encontre une pression parfois très forte pour obtenir la mise à disposition de documents, dont la traçabilité pourra conduire l'employeur à identifier qui les a communiqués.

J'ai défendu vainement le cadre d'une entreprise de produits semi-pétroliers qui, après avoir, par

---

1. Il s'agit du projet de loi n° 1127, consultable sur le site de l'Assemblée nationale : http://www.assemblee-nationale.fr/14/projets/pl1127.asp

voie de presse, documents à l'appui, mis en cause la politique d'optimisation fiscale de l'entreprise, a été licencié durement et condamné pour recel de vol de documents.

Il y a quelques antidotes contre ce risque. Le premier tient à l'existence d'une jurisprudence en France qui n'est pas totalement stabilisée et qui permet au salarié d'une entreprise privée de se prémunir contre le risque d'une condamnation pour recel de vol [1]. Il doit alors communiquer les pièces très vite dans le cadre de la procédure prud'homale qu'il aura engagée, en faisant souligner par son avocat la corrélation étroite entre le contenu de ces documents et le caractère fautif de son licenciement.

Un citoyen français a récemment donné l'alerte sur le fait qu'une institution, Tracfin [2], dont la mission

---

1. Voir notamment l'arrêt de principe de la Cour de cassation du 4 janvier 2005, n° 04-82337, aux termes duquel un salarié ne saurait être condamné pour vol si les documents appréhendés par ses soins et appartenant à l'entreprise étaient « strictement nécessaires à l'exercice des droits de la défense dans le litige l'opposant à son employeur ».

2. Tracfin est la cellule française, créée en 1990, de lutte contre les circuits financiers clandestins, le blanchiment de capitaux et le financement du terrorisme. Voir http://www.economie.gouv.fr/tracfin/accueil-tracfin

légale est précisément de donner l'alerte auprès du parquet en cas de présomption, par exemple de blanchiment d'argent, s'était étrangement abstenue... Le scénario ici est des plus ironiques mais on peut penser que l'acte de bravoure de ce jeune homme, enquêteur à Tracfin, n'est que le prologue d'une histoire encore à écrire. Poursuivi par Tracfin pour violation du secret professionnel, il va comparaître en mars 2014 devant le Tribunal correctionnel de Paris pour avoir posté sur le blog de *Mediapart* des informations sur le silence assourdissant de son employeur, alors qu'il avait eu connaissance des flux financiers de Jérôme Cahuzac vers des cieux qu'il espérait sans doute plus cléments. Il raconte son histoire sur son blog « tracfouine » [1]. On se réjouit du pouvoir d'attraction d'un blog comme celui de *Mediapart* mais un minimum d'accompagnement, une brève relecture par un avocat, ou même par un collègue éclairé, d'un message que l'on brûle de vouloir poster peut limiter des déconvenues. L'on soulignera que *Mediapart*, ainsi que les autres sites, ne sont pas automatiquement responsables juridiquement du contenu des blogs qu'ils hébergent.

1. Voir notamment, http://blogs.mediapart.fr/blog/la-fouine/241013/le-proces-de-tracfouine-le-lanceur-dalerte-de-tracfin

Des lanceurs d'alerte individuels révéleront de plus en plus la passivité des lanceurs d'alerte institutionnels. Ce nouveau gisement de révélations a toutes les chances d'être décisif, raison de plus pour ceux qui seraient tentés par l'aventure de s'armer de patience en coalisant sur leurs gestes, en amont, solidarité, conseils juridiques, soutien des organisations syndicales ou des associations.

Dans tous les cas, avec les réserves que nous avons faites, les médias constituent des alliés potentiellement très protecteurs pour le lanceur d'alerte. C'est le journaliste qui, parce que vecteur de l'opinion publique, peut contribuer à le fédérer avec lui, lui donnant une dimension citoyenne. Il légitime ainsi la cause portée par les faits qui ont été révélés.

Sans la presse, le « Manifeste des 343 Salopes » n'aurait pas eu l'immense impact qu'il a eu. Sans la presse, le médecin Didier Poupardin, l'électricien Dominique Liot, l'informaticien Hervé Falciani, n'auraient pas été en mesure de se protéger en faisant d'une grande partie de l'opinion publique leur alliée et donc leur bouclier.

Ce principe s'applique également aux désobéissants, c'est-à-dire ceux qui violent la loi sans révélation en amont pour provoquer un débat public dont l'absence, selon eux, affaiblit notre démocratie.

Dans toutes les hypothèses, il faut donc compter ses « régiments » et se préparer, si possible, psychologiquement et juridiquement, et mesurer toutes les bascules possibles. On peut rétorquer que, lorsque l'on est porté par la foi de son action, cela signifie par définition qu'on ne peut pas, voire qu'on ne veut pas, appréhender tous les risques – sans quoi l'on s'abstiendrait.

Stratégies judiciaires

Les désobéissants, et encore moins les lanceurs d'alerte, ne se retrouvent pas tous devant le tribunal. Les derniers ne sont pas, *a priori*, en risque d'être poursuivis judiciairement puisque les informations qu'ils révèlent, que ce soit auprès de leur hiérarchie ou auprès de tiers, ne les exposent pas aux foudres de la loi. Ils ont davantage à craindre des représailles de leur employeur, des intimidations, des mises à l'écart. De quoi les contraindre, en cas de licenciement – ce fut le cas pour André Cicocella –, à s'engager dans un marathon judiciaire épuisant, afin d'obtenir du juge qu'il constate le caractère abusif de l'éviction dont ils ont fait l'objet.

Nous avons vu précédemment dans quelles conditions des salariés pouvaient, de façon limitée, utiliser ces documents, s'ils sont en lien étroit avec le contentieux prud'homal initié pour obtenir réparation des préjudices subis à la suite de leur licenciement.

S'agissant des désobéissants, leurs actions les conduisent, pour dénoncer la violation d'un principe supérieur à la loi, à violer la loi. Mais certains lanceurs d'alerte peuvent aussi, épuisés après avoir tout tenté pour se faire entendre, violer la loi.

Quand la loi est violée, que l'État est offensé, outragé dans ses fonctions les plus régaliennes, les plus secrètes, le lanceur d'alerte devient un fugitif ou il est lourdement condamné. C'est la situation d'Edward Snowden et de Brad Manning.

Nous savons également, à travers un certain nombre d'exemples, que certains lanceurs d'alerte agissent sans anticiper un seul instant sur le fait qu'ils pourraient faire l'objet de poursuites judiciaires et sans nécessairement avoir conscience du risque de subir les foudres de la loi pénale.

Dans cette hypothèse, il est évidemment essentiel pour le désobéissant de recueillir dans l'urgence l'identité de tous les témoins de la scène et les moyens de communiquer avec eux, de sorte que puisse s'organiser sa défense. Il pourra ainsi établir la réalité des comportements odieux auxquels il a voulu mettre un terme.

Filmer, prendre des photos, peut sembler aussi indispensable que parfois périlleux. Car le choc des images peut contribuer à rendre illégitimes aux yeux de l'opinion publique des poursuites qui sont par ailleurs vécues comme autant de représailles, parfois artificielles, de la part des autorités judiciaires, c'est-à-dire le délit de rébellion et l'outrage à la force publique. Le recours aux médias peut participer à la construction de ce bouclier indispensable pour initier un rapport de forces. Celui-ci peut se révéler décisif quand, par contagion, l'opinion publique s'indigne.

Un fil rouge demeure : celui de l'état de nécessité comme nouveau fait justificatif de la désobéissance – nous l'avons baptisé précédemment exception de citoyenneté, la fille d'une exception supérieure, celle d'humanité. Cet état de nécessité est consacré de fait s'agissant du devoir d'un subordonné de déso-béir face à un ordre manifestement illégal : celui qui l'oblige à commettre le pire, un crime international ou la pire des violations des droits de l'homme. La désobéissance, ici, cède devant une obéissance à des principes supérieurs et le subordonné bénéficie alors bien d'un fait justificatif exonératoire de tout risque de poursuites disciplinaires.

Ce fait justificatif est apparu ces dernières années dans des décisions rendues par des juges français, mais également, et c'est l'essentiel, dans la jurisprudence de la Cour européenne des droits de l'homme. Les principes qui ont été rappelés par les juges de Strasbourg résultent de décisions qui figurent en annexe (voir annexe 3).

La motivation de ces décisions n'est pas sans lien avec celles de deux autres décisions rendues dans l'affaire des Déboulonneurs (voir les motivations, jugement du Tribunal correctionnel de Paris le 25 février 2013) mais aussi, au terme de la procédure qui a conduit Philippe Pichon à comparaître en 2013 devant le Tribunal correctionnel de Paris (voir annexe 6).

Nous soulignons ici à quel point les juges indexent leur décision sur l'intensité de l'inspiration citoyenne, mais aussi de son caractère indiscutable, afin de retenir ou non ce fait justificatif nouveau.

Un premier conseil s'impose : éviter à tout prix de polluer et donc, de défigurer une relative pureté qui doit inspirer ces nouvelles formes d'action citoyenne par des considérations personnelles et, *a fortiori*, monétaires.

Le caractère désintéressé de l'action est une condition de sa célébration et de ce qui la sous-tend : l'identification du plus grand nombre à chaque petite insurrection individuelle.

On n'insistera jamais assez sur le fait que la sortie de l'ombre, que cela soit pour dénoncer publiquement les illégalismes dont on est le témoin (le lanceur d'alerte) ou pour violer la loi (les faucheurs d'OGM), doit être précédée – c'est essentiel – de l'épuisement par le citoyen de toutes les formes d'alerte en interne que la loi ou les règlements imposent ou invitent à mettre en œuvre.

C'est parce que José Bové était un personnage politique que la Cour de cassation a confirmé les décisions de condamnation, lui refusant le fait justificatif de l'état de nécessité et lui opposant le fait qu'il lui appartenait de poursuivre ses protestations en recherchant à provoquer un débat parlementaire.

C'est parce que Philippe Pichon avait démontré auprès du Tribunal qu'il avait vainement, à plusieurs reprises, alerté sa hiérarchie sur des graves irrégularités relatives au fonctionnement du STIC, qu'il a été en très grande partie entendu par le Tribunal.

C'est parce que les Déboulonneurs ont démontré qu'ils avaient pendant des années, vainement, tenté de faire fléchir le législateur en multipliant les demandes d'entretien que le Tribunal les a entendus et relaxés.

Plus ils sont précurseurs, vigies, mais davantage encore visionnaires, prophètes d'une loi nouvelle, plus leur condamnation pourra être perçue comme illégitime et *a posteriori* comme un acte de bravoure, parfois prémonitoire. Le mariage de deux hommes célébré par Noël Mamère à Bègles il y a déjà dix ans a été annulé. Depuis, une loi est passée et a rendu grâce à son panache.

C'est évidemment plus compliqué pour le salarié d'une entreprise privée dont on sait que la voie hiérarchique peut être le tombeau. Cela vaut aussi d'ailleurs pour l'agent public.

Il est donc essentiel que celui qui pressent qu'il s'expose à des poursuites judiciaires ou à des représailles argumente, documents à l'appui, avec l'aide d'associations – sinon d'un avocat – le fait que la voie hiérarchique, dès l'origine, ne pouvait qu'être une impasse, quand elle ne représentait pas un risque supplémentaire pour lui. Cette documentation n'est pas aisée car elle suppose de faire appel à des informations secrètes, notamment, par exemple, pour des faits de corruption mais aussi pour la mise sur le marché de médicaments susceptibles de porter atteinte à la santé publique.

Ne pas s'écarter de la bonne foi qui anime chaque action, chaque révélation, doit être une ambition tenace. Elle suppose, pour que la foi dans son geste soit la plus intacte, de ne pas la pervertir par des considérations extérieures qui pourraient être perçues comme utilitaires. Elle suppose une singulière intensité dans la sincérité. Dans le cas d'un collaborateur d'une entreprise voulant révéler un fait qui, s'il n'est ni un délit ni un crime, heurte selon lui des principes fondamentaux, il vaut mieux avoir fait son petit travail d'expertise, pister et documenter tous les engagements éthiques de son employeur. En effet, ces chartes anticorruption, ou alors en faveur du développement durable, psalmodiant une adhésion aussi récente qu'opportuniste à tous les droits de l'homme, seront demain autant de pépites pour les lanceurs d'alerte. Elles représentent de nouveaux talismans, signatures de ce qu'ils dénonceront, c'est-à-dire des fossés grandissant entre les écrits et les actes.

Heureusement, aujourd'hui, germent et germeront de plus en plus des revues telles que *Prescrire*, alliées indispensables pour les lanceurs d'alerte dans le secteur de la santé publique, des associations dédiées et de plus en plus réactives. Bref, un regard de plus en plus informé sur lequel pourra s'appuyer l'hypercitoyen pour amorcer sa révélation.

Et puis, comme nous l'appelons de nos vœux, la législation, peut-être au niveau européen, a vocation à changer. Les premiers pas sont insuffisants mais ils existent. Un jour viendra où les lanceurs d'alerte, qu'ils proviennent du secteur public ou privé, seront immunisés contre les risques de poursuites s'ils produisent à l'appui de leur alerte des documents obtenus de façon illicite. Ils ne pourront plus, ainsi, être condamnés pour recel de vol. Pas plus qu'ils ne devraient être condamnés pour avoir violé des clauses de confidentialité qui parfois encadrent le contrat de travail, surtout quand ils ont affaire à des informations stratégiques pour l'entreprise ; lesdites clauses devant être considérées non opposables face à une alerte faite de bonne foi.

On revient toujours inlassablement à un principe de proportionnalité. C'est le juge qui en est l'arbitre, entre la légitimité de l'alerte, le caractère indiscutable de l'intérêt général défendu ou menacé et la sincérité, le caractère désintéressé des moyens mis en œuvre, précédés, si cela est possible, d'une utilisation, si vaine soit-elle, des outils internes à la disposition du lanceur d'alerte.

Demain, les juges prud'homaux, mais aussi les juges consulaires du Tribunal de commerce, auront vocation à être imprégnés par cette exigence de faire prévaloir le caractère absolument citoyen et sincère de la révélation du salarié, d'un dirigeant, face à un fait contraire à l'éthique la plus élémentaire. Cette sincérité l'emportera sur la déloyauté, la violation d'un secret commercial, qui auront fondé un licenciement ou la résiliation d'un contrat.

De plus en plus, les juges seront amenés à prendre en compte les grands courants de pensée et de protestation qui mobilisent les citoyens. Ce mouvement est irréversible.

Ils peuvent, par certaines décisions, les encourager comme les contenir, mais les menaces contre l'intérêt général et le bien public sont si diverses, si plurielles et si complexes ; les décideurs sont parfois si impuissants à répondre aux attentes des citoyens que, dans les années à venir, s'élaboreront de nouvelles lois. La jurisprudence que nous venons d'évoquer se consolidera pour rendre possibles et licites certains actes de désobéissance, offrant ainsi la sécurité juridique qu'ils méritent aujourd'hui de recevoir.

Les lanceurs d'alerte ne sont pas assez bien protégés en France

Quatre lois ont été adoptées successivement en France. La première, le 13 novembre 2007 (voir annexe 3), protège les lanceurs d'alerte qui révèlent des faits de corruption. La deuxième, le 16 avril 2013, protège ceux qui révèlent à leur employeur ou aux autorités des faits relatifs à un danger pour la santé publique ou l'environnement. La troisième, le 11 octobre 2013, a introduit un article protégeant les citoyens dans le secteur privé ou public quand ils révèlent de bonne foi des faits relatifs à une situation de conflits d'intérêts. Enfin, c'est la loi du 4 décembre 2013 qui introduit un nouvel article protégeant les citoyens dans le secteur privé des représailles de leur employeur, quand ils révèlent un crime ou un délit dont il ont eu connaissance dans l'exercice de leurs fonctions.

Toutes ces dispositions remplissent un objectif salutaire : réduire la potentialité toujours très forte de représailles de l'employeur – elles peuvent prendre des formes très sournoises – dont le dessein peut être inlassablement de sanctionner l'outrage et de dissuader aussi ceux qui, dans l'ombre, seraient tentés d'en faire autant. Ces lois étaient indispensables car plus les lanceurs d'alerte seront immunisés face à ces risques, plus ils seront encouragés à franchir le Rubicon. Il y a chez eux une loyauté dans la déloyauté qui peut être contagieuse, et c'est assurément ce qui est le plus redouté.

Mais ces lois restent tout à fait insuffisantes, même si les fonctionnaires sont, depuis la loi du 4 décembre 2013, pour la première fois, protégés eux aussi contre les risques de sanction de leur hiérarchie, quelle qu'en soit la forme.

Nicole Marie Meyer, lanceur d'alerte durement éprouvée par les représailles qu'elle a subies, aujourd'hui experte auprès de Transparency International, révèle dans un rapport diffusé en 2012 que, selon la CNIL, 2 320 entreprises françaises avaient adopté des dispositifs d'alerte mais qu'en même temps, les salariés en faisaient encore peu usage. Aucune donnée exhaustive n'est disponible à ce jour et aucune jurisprudence n'a par ailleurs été publiée dans le cadre de la loi du 13 novembre 2007. Selon Lionel Bénaiche, magistrat et secrétaire général du Service central de prévention de la corruption (SCPC), il n'existe pas non plus à ce jour de jurisprudence sur l'application de l'article L. 1161-1 du code du travail, issu de la loi du 13 novembre 2007. Selon lui, des menaces, voire des représailles, ont été à de très nombreuses reprises relatées au SCPC. Il préconise une procédure visant à accueillir en toute confidentialité les lanceurs d'alerte[1].

À l'occasion du vote du 11 octobre 2013, alors qu'une meilleure protection des lanceurs d'alerte a été saluée, les élus ont regretté qu'elle n'ait pas été l'occasion d'un statut rénové de la déontologie des fonctionnaires – et, par conséquent, de leurs droits et obligations. Il existe un projet de loi depuis l'été 2013

---

1. *La Lettre de Transparence*, nº 56, décembre 2013.

aux fins de modernisation de ce statut. D'éminents juristes[1] ont souligné que l'alerte éthique pour un fonctionnaire, face à ses obligations de réserve et de loyauté, était complexe. Elle l'est assurément et il est ainsi essentiel de renforcer les droits et obligations des acteurs publics pour enfin les sortir de leur environnement, parfois de connivence, et de leur solitude déontologique.

François Hollande, le 21 février 2013 à la Sorbonne, lors d'un colloque consacré aux services de l'État et la conscience individuelle, a déclaré : « Les nouvelles règles éthiques à introduire et les nouvelles vigilances à faire observer [...] aujourd'hui, les menaces sur notre fonction publique ne sont plus celles de la dictature du pouvoir politique mais la menace de l'influence : [...] influence des intérêts privés ; influence des forces économiques qui cherchent à accentuer encore certains avantages ; influence de l'argent facile qui ne corrompt pas simplement les esprits[2]. » L'inspiration est juste, elle reste à concrétiser pour permettre aux fonctionnaires de se sentir épaulés quand il s'agit d'apprécier la légitimité de choix, des arbitrages qu'ils sont conduits à

---

1. Voir Annexe, rubrique « D/ Articles sur la déontologie des fonctionnaires ».
2. *Le Monde* du 7 mars 2013.

effectuer. La protection des lanceurs d'alerte exige la mise en œuvre de ces nobles invitations.

Marylise Lebranchu, ministre de la Fonction publique, a présenté un projet de loi relatif à la déontologie et aux droits et obligations des fonctionnaires en juin 2013, afin de renforcer le droit d'alerte éthique dans la fonction publique. Au soutien de ce texte, elle dit : « Le niveau d'exigence des citoyens s'est élevé et notre responsabilité est d'en tenir compte. »

Les lanceurs d'alerte ne sont pas suffisamment protégés non plus dans l'Union européenne

Selon un rapport de Transparency International [1], la plupart des pays de l'Union européenne ne sont pas parvenus à protéger suffisamment les lanceurs d'alerte des représailles sur leur lieu de travail. La branche allemande de Transparency International considère que cette absence de protection effective

---

1. Consultable sur http://www.transparency-france.org/e_upload/pdf/eu_whistleblower_report_final_web.pdf

exclut *de facto* « un acteur important dans la lutte contre la corruption ». Ce rapport intitulé « *whistle-blowing* en Europe » souligne que seuls quatre pays de l'Union européenne – le Luxembourg, la Roumanie, le Royaume-Uni et la Slovénie – ont mis en place une législation protégeant les lanceurs d'alerte. Observons que ce rapport a été rendu public avant l'adoption en France de la loi du 6 décembre 2013 qui, bien qu'insuffisante, constitue néanmoins une première avancée. Dans seize autres pays de l'Union européenne, les lanceurs d'alerte ne sont protégés que partiellement, et sept autres pays n'ont mis en œuvre aucune loi visant à les prémunir contre d'éventuelles poursuites. On soulignera que la meilleure des législations, comme celle du Luxembourg mais aussi de la Suisse (qui, elle, fait partie du Conseil de l'Europe), a une allure de tigre en papier face à des cultures du silence, des forces intimidantes qui, inlassablement, peuvent contrarier les meilleures volontés.

Le 11 octobre 2012, *Le Monde* publiait les conclusions d'un rapport révélant qu'aucune des quatre agences européennes essentielles en matière de protection des consommateurs, mais également de sécurité alimentaire et de santé publique, ne gérait les situations de conflits d'intérêts de manière appropriée. Des lacunes aberrantes ont été relevées et certains conflits d'intérêts ont été stigmatisés comme les sources de graves mises en péril pour la santé publique. Il est temps que l'Europe donne le *la*. Sur une question aussi essentielle que la protection des lanceurs d'alerte, elle doit montrer l'exemple. Aujourd'hui, elle fait l'inverse, au risque d'encourager l'inflation – que nous connaissons partout en Europe – d'une défiance vis-à-vis des institutions de Bruxelles.

Les résistances sont encore très fortes et les législations que nous venons d'évoquer ne doivent être considérées que comme des balbutiements. Pourtant les préconisations et propositions sont sur la table. Elles sont le fruit des travaux de nombreuses associations en Europe, dont la France. Le Conseil de l'Europe a émis un projet de recommandations le 12 juillet 2013 qui, s'il reste timide, avance des pistes pertinentes[1]. L'Assemblée parlementaire du Conseil de l'Europe, dans son rapport du 14 septembre 2009, a prôné également une meilleure protection des lanceurs d'alerte. Elle en donne beaucoup d'exemples, y compris au sein de l'Union européenne.

---

1. Projet de recommandation sur la protection des lanceurs d'alerte, 12 juillet 2013, http://www.coe.int/t/dghl/standardsetting/cdcj/Whistleblowers/CDCJ(2013)Misc7F.pdf

Éternelle insatisfaction des lanceurs d'alerte : quand ils évitent des catastrophes ou dénoncent des illégalismes, ils sont loués par le plus grand nombre, leur action forçant parfois le législateur à agir, mais les lois qui sont promulguées restent toujours notoirement insuffisantes.

Une autorité administrative indépendante s'impose

Les scénarii utilisés pour se venger d'un collaborateur peuvent être diaboliques, parfois extrêmement pervers. Ensuite, le seul fait pour un employeur d'être présumé de mauvaise foi s'il licencie un lanceur d'alerte, comme la loi le prévoit, n'opérera pas toujours un effet dissuasif : le coût d'un licenciement jugé abusif, dans un arbitrage cynique, restera dans bien des cas inférieur à l'avantage de s'être débarrassé du traître. Il est donc indispensable, à l'instar des expériences canadienne ou anglaise, que soit institué au plus tôt un véritable contre-pouvoir : une autorité administrative indépendante.

C'est elle qui aura vocation à accueillir les alertes, les filtrer, les traiter, le cas échéant, à saisir le procureur de la République. C'est elle dont la mission sera d'engager un dialogue, parfois discret avec le salarié révolté, pour valider sa révélation et organiser sa protection. C'est elle enfin – et c'est essentiel – qui devra détecter les lanceurs d'alerte de mauvaise foi et, si nécessaire, saisir les autorités judiciaires pour les voir sanctionner.

Rien n'interdit d'envisager, alors que sont déjà réprimés en France les délits de dénonciation calomnieuse et de divulgation de fausses nouvelles, un renforcement de la loi existante.

À ceux – et ils sont nombreux – qui annoncent une société de délateurs, nous disons qu'un tel dispositif peut constituer un antidote puissant, dissuasif, contre les risques toujours universels de manipulations. Une telle autorité aurait un autre mérite : assurer et protéger dans certains cas l'anonymat. S'agissant par exemple d'un agent français qui voudrait révéler demain, à moindre échelle que Snowden l'a fait, un système d'écoute illégales en France, il est fort probable que l'anonymat sera de rigueur, bien que la révélation soit essentielle. C'est cette autorité qui pourra, en accord avec l'agent privé ou public, mettre un terme à son anonymat. Il y a bien sûr beaucoup d'options possibles mais il n'y aura pas d'autre choix que d'instituer une autorité qui fasse écran entre l'institution menacée par les révélations et le lanceur d'alerte.

Les avis et décisions de cette future autorité indépendante devront être les plus indiscutables possibles. Elle devra réunir de grandes consciences ainsi que des compétences les plus qualifiées. Nécessairement, l'Assemblée nationale devra choisir en son sein les représentants qui la composeront. À notre sens, la majorité et l'opposition devront être à parité afin d'en assurer une composition pluraliste, qui sera aussi plurielle, des représentants de la société civile et du monde professionnel devant s'ajouter aux politiques. Son président pourra être désigné soit par le Parlement à la majorité qualifiée, soit en son sein par les membres eux-mêmes.

Il serait naturel que cette autorité comporte une commission d'arbitrage, notamment dans le cas épineux des obstacles que peuvent constituer les secrets, y compris pourquoi pas, le secret défense. Le bon sens commande de dire que, plus l'information révélée est grave, plus les secrets, quels qu'ils soient, auront vocation à céder.

Bien entendu, l'autorité administrative indépendante ne pourra pas être un canal obligé. Il y aura toujours des lanceurs d'alerte portés par la foi en leur message pour effectuer des révélations tonitruantes.

L'étude des travaux effectués ces dernières années montre qu'il y a eu une grande oscillation s'agissant du périmètre de protection des lanceurs d'alerte. Aujourd'hui, ils sont protégés quand ils révèlent des crimes ou des délits, ou des faits pouvant constituer un danger pour la santé publique ou l'environnement. Reste ainsi tout un territoire d'alertes non protégées, celles où l'inspiration se puise dans une situation considérée comme absolument immorale, contraire par exemple aux engagements d'une entreprise (ceux pris en faveur du développement durable) ou contraire à l'idée tout simplement que chacun peut se faire de la dignité ou des droits de l'homme.

Dans son projet de recommandation sur la protection des lanceurs d'alerte, le Conseil de l'Europe en propose une définition plus large que celle prévue par la loi française.

Un lanceur d'alerte suivant cette recommandation désigne toute personne qui fait des signalements ou révèle des informations concernant des menaces ou un préjudice pour l'intérêt général, dans le contexte de sa relation de travail[1].

---

1. Rapport du bureau du comité européen de coopération juridique, 12 juillet 2013. Après le mot préjudice les rédacteurs de cette recommandation ont placé entre crochets l'adjectif grave. Ce sont les États-membres qui mettront le curseur s'agissant de l'intensité du préjudice ou des menaces pour l'intérêt général.

L'histoire qui suit illustre bien les carences de la loi actuelle et la nécessité d'aller plus loin dans l'œuvre législative et jurisprudentielle.

Une histoire exemplaire

Un collaborateur de la société française Qosmos en a fait les frais lourdement. Il s'agit de James Dunne, de nationalité irlandaise, qui a rejoint cette société en 2005 comme rédacteur technique (il rédigeait les guides d'installation, de configuration et d'utilisation des programmes livrés aux clients). Cette start-up française est à la pointe de ce que les informaticiens appellent le « DPI », *"deep packet inspection"* ou inspection en profondeur des paquets [1]. L'activité consiste à analyser le contenu des réseaux informatiques, de façon à en tirer des statistiques, à y installer des filtres ou à détecter des intrusions ou tout autre contenu désiré. Le DPI peut ainsi notamment servir à la censure sur Internet. Peu à l'époque s'interrogeaient sur le fait que la technologie développée

---

1. Voir notamment l'article publié par James Dunne, *Sur le traitement médiatique de l'affaire Qosmos*, 24 juin 2013, www.mediapart.fr

par cette société pouvait être détournée à des fins de fichage et d'interception. James Dunne, le 24 octobre 2007, envoie un courriel à son patron avec tous les salariés en copie où il fait part de son inquiétude et du respect du code de conduite éthique de l'entreprise.

Comme le journal *Le Monde* le révèle dans une enquête publiée le 28 octobre 2013[1], les locaux de Qosmos ont été classés « confidentiel défense » en juin 2009. À l'été 2011, le personnel de la société apprend par la presse que le projet « *Eagle* » sur lequel il travaillait aurait pu être utilisé par Kadhafi pour espionner ses opposants. Des chercheurs comprennent qu'ils ont été espionnés. Après que la guerre en Syrie éclate, Qosmos, mise à l'index, se défend d'avoir livré du matériel au despote de Damas. Une plainte est déposée à Paris visant Qosmos pour la fourniture de matériel de surveillance au régime de Bachar Al Assad.

James Dunne est licencié le 13 janvier 2012 pour avoir posté en février 2011 sur sa page Facebook un lien vers un article : « Le DPI est-il une arme ? » On

---

1. Voir l'article de Franck Johannès et Simon Piel, « Espionnage de masse : des sociétés françaises au service de dictatures » in *Le Monde*, http://www.lemonde.fr/societe/article/2013/10/28/espionnage-de-masse-des-societes-francaises-au-service-de-dictatures_3504014_3224.html

lui reproche également d'avoir écrit des commentaires désagréables sur *Mediapart*. Il faut rappeler ce qu'écrit Qosmos pour justifier son licenciement pour faute lourde : « Vous aviez un accès privilégié à des informations internes, confidentielles et particulièrement sensibles concernant certains de nos clients. » L'employeur évoque « manquement à l'obligation de confidentialité et de loyauté » et « détention non autorisée de documents internes avec intention de les divulguer à des tiers ».

Dans une interview au *Parisien*[1], James Dunne dit : « Pendant des années, mon travail a servi à des tyrans. » Il a été accusé par le directeur de Qosmos de « vouloir la peau de la société ». À la suite de son licenciement, il s'est trouvé en arrêt maladie pour dépression réactionnelle. Le marathon judiciaire de ce lanceur d'alerte se poursuit mais, dans cette histoire exemplaire, se trouvent tous les dilemmes non résolus par la loi qui peuvent se poser demain à un lanceur d'alerte. Ce cadre n'a révélé aucun crime ou délit, même si les faits qu'il révèle seront peut-être caractérisés comme tels un jour. Son alerte portait

---

1. Voir *Le Parisien* en date du 18 juin 2013, « James Dunne : "Pendant des années, mon travail a servi à des tyrans" », http://www.leparisien.fr/james-dunne-pendant-des-annees-mon-travail-a-servi-a-des-tyrans-18-06-2013-2906281.php

sur le fait qu'en France, la recherche de nouveaux marchés ne peut pas conduire à devenir le complice, moralement en tout cas, des pires bourreaux de la planète.

Si cet homme n'est pas protégé par la loi, il pourra l'être bien sûr par un juge. Cependant la jurisprudence en France connaît quelques heureux frémissements, tout comme la Cour européenne des droits de l'homme. Mais devant les instances prud'homales, peut-être demain devant un tribunal de commerce (imaginons un contrat commercial résilié du fait d'une alerte éthique), nos juges sont encore bien loin d'admettre que la déloyauté d'un collaborateur devient légitime parce qu'elle est une loyauté à des principes supérieurs à toutes les clauses contractuelles du monde.

L'autorité administrative indépendante que nous appelons de nos vœux aurait pu être un allié pour James Dunne. Si elle avait considéré son alerte comme légitime, fondée (notamment parce que le code éthique de l'entreprise a été violé), sans nécessairement qu'elle justifie une saisine du parquet, un tel avis aurait peut-être contrarié la dureté qui l'a accablé. La mission de cette institution pourrait être aussi d'apprécier la validité des clauses de confidentialité des secrets commerciaux, en miroir avec la gravité des révélations faites : en quelque sorte, un contrôle de proportionnalité reste à inventer.

Beaucoup en France souhaitent que soient aménagées les conditions dans lesquelles la classification « secret défense » ou « confidentiel défense » d'informations ou documents peut être levée. L'histoire de James Dunne, les révélations que certains fonctionnaires voudraient faire demain pour dénoncer des exactions ou on ne sait quelles barbouzeries, commandent que dans certains cas le « secret défense » ne puisse pas être opposé à ces futurs lanceurs d'alerte. L'équilibre sera délicat à trouver mais c'est là où les infamies sont parfois les plus grandes que les secrets sont le plus instrumentalisés.

Le Conseil de l'Europe, dans son rapport évoqué précédemment, s'est demandé si la protection des lanceurs d'alerte devait consacrer une forme d'immunité des salariés du secteur privé ou des agents publics quand ils révélaient au grand jour des documents protégés par le secret des affaires ou par des clauses de confidentialité. Il s'est interrogé également sur le caractère licite de telles clauses si elles conduisent à interdire la révélation de faits répréhensibles.

Pour que les lanceurs d'alerte aident à approfondir notre démocratie, pour qu'ils soient des vigies efficaces face à toutes les oligarchies quand elles abusent de leur pouvoir et se moquent des lois écrites ou non écrites, le droit devra s'adapter. Nous n'en sommes aujourd'hui qu'aux prémices de l'écriture de nouveaux dispositifs. Ils demanderont subtilité et lucidité car les équilibres à maintenir resteront parfois acrobatiques.

À travers les dernières histoires qui vont suivre se dessinent des actions collectives qui ont bousculé la loi, mais aussi, déjà, de possibles stratégies judiciaires qui sont autant de signes précurseurs d'un droit qui bégaie encore.

Alain Refalo, une action individuelle qui a fait contagion

Le 6 novembre 2008, Alain Refalo, professeur des écoles à Colomiers (Haute-Garonne), en charge d'une classe de CM1, adresse une lettre à l'inspecteur d'Académie de sa circonscription. «Aujourd'hui, lui écrit-il, en conscience, je ne puis plus me taire! En conscience, je refuse d'obéir.» À eux seuls, ces trois mots: «Je refuse d'obéir», vont avoir en France un formidable retentissement. Alain Refalo publie sa lettre sur le blog «Résistance pédagogique pour l'avenir de l'école», créé le 19 octobre 2008. Dans les jours qui suivent, de nombreux blogs et sites la relaient et plusieurs dizaines de milliers d'internautes en prennent connaissance. Dans ce texte, Alain Refalo exprime clairement son refus d'être complice, par sa collaboration ou son silence, de la politique mise en œuvre par Xavier Darcos, ministre de l'Éducation nationale. Celle-ci conduit, selon lui, à un véritable démantèlement des fondements de l'école en France.

Alain Refalo affirme que c'est pour lui une nécessité d'entrer en résistance et de s'engager dans la désobéissance : « Je fais ce choix en pleine connaissance des risques que je prends, mais surtout dans l'espérance que cette résistance portera ses fruits. J'espère que collectivement, nous empêcherons la mise en œuvre de ces prétendues réformes. »

Il prend seul sa décision de désobéir, sans se concerter préalablement avec d'autres enseignants. Dans un premier temps, il s'agit d'une démarche personnelle. En toute rigueur, il convient donc, à ce moment, de parler d'un acte d'objection de conscience et non de désobéissance citoyenne. En faisant retentir le mot « désobéir », il a créé l'événement. Ce petit mot que personne n'attendait a étonné et fonctionné comme un déclic chez beaucoup d'enseignants qui se sont reconnus dans sa démarche.

Fait assez exceptionnel, les syndicats, qui sont généralement très réservés à l'égard de toute démarche individuelle et qui n'ont jamais encouragé les actes de désobéissance, prennent une position commune de soutien sans réserve à Alain Refalo : « Nous considérons que la prise de position d'Alain Refalo ne doit pas être considérée comme un acte isolé mais bien comme l'expression de ce que nous subissons et ressentons au quotidien. »

Refalo est rapidement suivi par d'autres enseignants et par les parents d'élèves. Mais les sanctions commencent à tomber, sans décourager pour autant les enseignants.

Le mouvement des désobéissants, aujourd'hui, prend de l'ampleur. Un peu partout en France, des collectifs se créent. Mais les lanceurs d'alerte commencent à déranger les syndicats. Le ton change. Certains syndicats les accusent même d'être des individualistes. Peu leur importe : leur lutte continue.

Comment l'association DAL a fait avancer le droit au logement

En novembre 1990 naît l'association Droit au logement (DAL) à l'issue du campement, durant quatre mois, de 48 familles expulsées de deux immeubles qu'elles squattaient dans le XXe arrondissement parisien. À la suite de la forte mobilisation de nombreuses associations et de l'importante médiatisation de l'action, le gouvernement finit par nommer un médiateur et les familles sont relogées. « La philosophie du DAL, écrit Jean-Baptiste Eyraud, le principal animateur de l'association, s'est élaborée pendant ce campement [...] Nous sommes passés du squat alternatif à l'occupation illégale de logements vides pour réclamer un relogement durable. »

L'objectif du DAL a donc été, dès le début, d'utiliser l'illégalité d'un logement pour que des familles mal logées ou expulsées trouvent des domiciles décents, « afin d'y vivre durablement en toute légalité [1] ». Ainsi, l'occupation illégale d'immeubles vides vise à mobiliser l'opinion et à interpeller les pouvoirs publics afin que ceux-ci se voient pratiquement contraints d'octroyer aux sans-logis un logement décent et légal. Pour une grande part, les actions de désobéissance citoyenne du DAL ont pour but de faire appliquer la loi : « Des lois prévues dans les cas de crise du logement, souligne sa charte, restent inappliquées malgré l'urgence de la situation, en particulier la loi de réquisition sur les logements vacants. »

---

1. Jean-Baptiste Eyraud, « Regards sur la désobéissance civile et le droit au logement », *Alternatives non violentes*, automne 1998, n° 108.

Les membres de l'association estiment que, lorsque les négociations n'ont pu aboutir, « l'action collective est indispensable pour établir un rapport de forces favorable aux exclus du logement et pousser les pouvoirs publics » à satisfaire leurs exigences. Ils insistent pour affirmer que « l'action collective doit impérativement demeurer non violente ».

Depuis sa création, le DAL est parvenu à imposer aux pouvoirs publics le relogement de plusieurs milliers de personnes. Ses actions illégales, imitées depuis par d'autres collectifs tels que Jeudi Noir ou Les Enfants de Don Quichotte, illustrent de manière particulièrement significative comment la désobéissance citoyenne peut être efficace dans les luttes sociales.

Premiers enseignements

Ainsi, ils sont enseignants, policiers, médecins, postiers, électriciens ou employés de banque. Tous ces héros ordinaires sont entrés en désobéissance en refusant d'appliquer un ordre ou une consigne. Ils deviennent désobéissants ou lanceurs d'alerte parce qu'il leur est impossible de faire autrement.

Une fronde qui parcourt le monde comme un haut-le-cœur, qui n'est ni de droite, ni de gauche, ni embrigadée dans un syndicat ou une idéologie.

Ils sont devenus désobéissants parce qu'ils en ont senti l'absolue nécessité ; il leur fallait entrer en résistance. Cela leur vient de l'intérieur. Ils se sentent écartelés par deux forces inconciliables. D'un côté le devoir d'obéir, de l'autre des valeurs qui les tiennent debout. Pour ne pas imploser, ils ont dû faire un choix. Cela leur a ensuite donné la force d'affronter les conséquences de leurs actes.

Contrairement aux Anonymous, qui agissent masqués sur Internet, les désobéissants luttent à visage découvert en assumant les risques. Les lanceurs d'alerte ne sont pas dans l'action clandestine : en s'exposant à la sanction, ils donnent plus de force à leur geste.

Paradoxalement, la génération des moins de trente ans qui a fait de Stéphane Hessel, l'auteur du best-seller *Indignez-vous !*, sa mascotte, est minoritaire parmi les lanceurs d'alerte. L'indignation morale ne fait pas prendre de risques, elle valorise, elle donne bonne conscience. C'est une position confortable qui semble suffire à certains. Obligés de jouer des coudes pour se faire une place dans le monde de l'entreprise, les trentenaires, eux, hésitent davantage à se mettre en danger. Quand ils font un acte de rébellion, ils le font collectivement. Ce sont des risques calculés.

À l'inverse, le lanceur d'alerte ou le désobéissant est souvent un homme seul qui se sacrifie. C'est un acte quasi désespéré. On se rapproche, symboliquement, du geste de Jan Palach qui s'était immolé en janvier 1969 pour protester contre l'invasion de Prague par l'Union soviétique. Ce serait donc le dernier feu d'un monde qui disparaît. Celui d'une génération qui rêve aussi de pouvoir redonner ses lettres de noblesse à l'action politique.

L'indignation est le premier degré de la résistance. C'est un sentiment indispensable mais pas suffisant. Il faut d'abord être capable de ressentir le caractère illégitime d'une situation pour réagir. Ensuite, il faut passer à l'action.

Combien sont-ils, ces Français lanceurs d'alerte ? Difficile de le savoir.

Être un lanceur d'alerte est d'abord une démarche individuelle, elle ne se programme ni se décrète. Il n'existe pas vraiment de réseau de désobéissants. On apprend qu'un collègue a désobéi quand il a des ennuis avec la direction. À l'Éducation nationale, qui a fourni le gros du bataillon, on en a compté jusqu'à 3 000, soit le nombre de « lettres de désobéissance » envoyées par les instits aux inspecteurs d'académie. 3 000 sur 380 000 fonctionnaires...

Des microbulles de résistance qui auraient le pouvoir de ré-oxygéner une société asphyxiée par le chacun-pour-soi. C'est ce que nous croyons percevoir.

Le « lancement d'alerte » ou la désobéissance citoyenne sont les contrepoints d'une société multi-polaire et individualiste où prime la recherche du profit et où l'autorité non légitime vacille. Alors que la résistance collective marque le pas, des citoyens ici et là s'opposent spontanément pour défendre le bien commun, la notion de service public, l'accès aux droits fondamentaux. Ils sont le signe que notre société n'est pas en déroute morale, comme on le prétend. Au contraire, nous y voyons la preuve que la démocratie, loin de se déliter mais toujours à construire, se renforce par d'autres moyens, inat-tendus. Dans le domaine de la lutte contre la corrup-tion et toutes les infractions liées au clientélisme, aux logiques de réseaux, de l'entre soi, un nouveau vent s'élève. Mais, comme on l'a vu, les résistances sont encore fortes, les habitudes granitiques et les menta-lités peinent à évoluer dans les entreprises comme au sein de l'administration.

Les lanceurs d'alerte ne cherchent pas à saper l'autorité, ils n'ont rien contre elle tant qu'elle reste légitime à leurs yeux. À première vue, le refus d'appliquer une loi ou un texte réglementaire menace le principe de démocratie parce que l'intérêt individuel ne peut pas supplanter celui de la collectivité. Or, assez paradoxalement, la désobéissance citoyenne est inhérente à la démocratie. On peut même dire qu'elle la renforce.

Les histoires que nous venons d'évoquer illustrent à quel point il est décisif d'intégrer dans sa stratégie d'action une anticipation sur le risque judiciaire. Ce nouveau droit dont les juges sont en train d'écrire le prologue résonne comme une anticipation d'une jurisprudence mais aussi de lois, et plus loin d'une convention internationale multilatérale. Ce sont elles qui, demain, protégeront les lanceurs d'alerte efficacement – autant de digues, de contrepouvoirs, contre les excès des hyper-pouvoirs privés ou publics.

CONCLUSION

Mireille Delmas-Marty, immense professeure de droit, dont les intuitions ont aidé la société civile depuis tant d'années à conceptualiser ses indignations et ses propositions[1], nous rappelle que le monde est gouverné par deux peurs, une bonne et une mauvaise.

La bonne, c'est celle qui conduit les citoyens vers plus de solidarité et d'altruisme face aux craintes qu'inspirent les sourdes menaces pesant sur la biodiversité, le réchauffement climatique, mais aussi, bien sûr, la dérégulation financière.

---

1. Voir par exemple parmi ses derniers articles, « Faut-il interdire le clonage humain ? », D., 2003, Chr. 2517 ; « Le paradigme de la guerre contre le crime : légitimer l'inhumain ? », RSC 2007, n° 3 p. 461-472 ; « Libertés et sûreté : les mutations de l'État de droit », *Revue de Synthèse*, vol. 130, n° 3, septembre 2009, p. 465-491.

La mauvaise, c'est celle qui pousse au protection-
nisme individuel ou collectif, au recroquevillement
sur soi. C'est elle aussi qui nourrit toutes les logiques
de secret et de clandestinité et, au-delà, de l'indivi-
dualisme forcené. À la peur des citoyens de voir la
cupidité gouverner le monde répond celle des héros
anonymes ou planétaires, au prix parfois de quelques
transgressions. Les mêmes qui courent après l'hyper-
profit, avec la peur au ventre d'être démasqués,
multiplient dans l'ombre les stratagèmes pour écarter
ce qu'ils perçoivent comme un péril, c'est-à-dire ce
nouveau regard exigeant des citoyens.

Le désobéissant et le lanceur d'alerte sont l'un
et l'autre une image épurée, dialectique de ce dualisme et de cet affrontement. Ils en atteignent l'acmé
lorsque, après avoir été criminalisés, ils sont ensuite
célébrés. Eux qui ont essuyé toutes les insultes
– traîtres, mouchards, félons – sont alors brutalement
considérés comme des hyper-citoyens.

C'est aussi la sphère privée des citoyens, parce
qu'elle apparaît de plus en plus fragile, face à la
sphère publique dans sa dimension la plus hyper-
sécuritaire, qui voit se lever des hommes comme
Snowden ou Assange. Ce sont eux qui ont levé le
voile sur la société de surveillance qui s'établit
sous nos yeux. Ces lanceurs d'alerte, ne sont-ils pas
comme des suricates, ces petits rongeurs du désert

qui désignent parmi eux celui qui doit donner l'alerte, si un prédateur approche ? Cette nouvelle génération de citoyens qui se dresse porte le cri et la colère d'une humanité qui veut survivre, mieux vivre, et ne plus s'en laisser conter avec toutes les forces obscures qui la menacent.

On opposera inlassablement le fait que les lanceurs d'alerte ou les désobéissants annoncent une société orwellienne où les délateurs donneraient le *la* à la vie publique. Des garde-fous existent déjà. Il ne sera pas difficile demain de concevoir un durcissement des mécanismes pour décourager ce qui, derrière les habits de la vertu, sera en fait armé par le vice.

S'agissant des lanceurs d'alerte, il est clair que la chaîne hiérarchique peut être la plus protectrice comme la plus intimidante, sinon la plus lourdement pénalisante pour celui qui veut révéler un grave dys-fonctionnement dans les institutions étatiques ou au sein d'une entreprise privée.

Seule une autorité administrative indépendante pourra leur donner la sécurité juridique nécessaire. Elle seule leur garantira que leur alerte pourra être suivie d'effets et ce, aux termes d'un travail de dia-logue, de partage, dans la sérénité assurée par une telle institution.

Tous les sondages le montrent, les citoyens euro-péens et d'ailleurs sont préoccupés par le futur.

Nombreux sont ceux qui considèrent que l'intérêt général et les biens publics sont galvaudés ou meurtris par ceux qui devraient en être les principaux protecteurs et promoteurs. Protéger les lanceurs d'alerte, exonérer de toute condamnation pénale dans certaines circonstances les désobéissants, c'est ériger une digue pour éviter que l'espace et l'intérêt public soient privatisés par ceux qui en deviennent tout de suite les pires censeurs.

En ce début du XXIe siècle, par leur action, ces hyper-citoyens mettent en œuvre un nouveau paradigme : nous sommes tous coresponsables face aux fléaux qui nous menacent, chacun potentiellement peut être conduit, encouragé, contraint de défendre, protéger un fragment de l'intérêt général. Les lanceurs d'alerte réveillent dans chacun de nous un devoir de conscience, comme la préface d'une nouvelle loi commune.

Permettre au juge d'apprécier souverainement si un désobéissant, qui a agi avec une totale bonne foi en épuisant toute possibilité du débat public, peut être fondé à transgresser la loi face à un intérêt général gravement menacé est le seul chemin possible.

Il faut là aussi imaginer une loi européenne, qui peine à se dessiner, et bien entendu tisser de nouveaux liens de solidarité avec ceux qui auront encore plus besoin de cette armure, c'est-à-dire les lanceurs d'alerte des pays émergents et des pays pauvres, là où l'état de droit est vacillant.

Les ONG, quant à elles, doivent s'atteler maintenant à créer une grande plateforme civile internationale, qui vingt-quatre heures sur vingt-quatre pourra proposer un début de réponse, même imparfait, à ceux qui, du bout du monde, persécutés, voudront sans aucune protection faire valoir obstinément l'intérêt général plutôt que toute fin personnelle.

C'est parce qu'il existe encore trop de pays non démocratiques, les mêmes où l'autorité judiciaire est totalement asservie à la logique des kleptocrates et où les ressources naturelles sont exploitées dans des conditions contraires à l'intérêt public des populations – qu'il faut imaginer des nouveaux instruments de solidarité entre les lanceurs d'alerte du monde entier.

Reste évidemment à nos juges et à notre législateur à s'adapter pour esquisser demain les contours de ce tabernacle mystérieux. C'est celui dont nous avons parlé quand nous avons évoqué l'idée qu'il existait, en écho aux préceptes religieux de saint Augustin, des préceptes juridiques et éthiques, universels et éternels. Ce sont eux qui, en dernière instance, avec le droit international comme balise, dessinent ce sanctuaire à préserver : celui de la dignité de l'homme, et son corollaire indispensable, la défense de l'intérêt général, nouvelle loi commune de l'humanité. On peut le rêver.

Ce tabernacle renferme au plus profond de lui des principes fondamentaux, ceux dont le respect est la condition de la survie de l'homme et de l'humanité, ceux qui protègent l'homme de lui-même. Du fait des nouvelles technologies et des nouvelles menaces, il s'agrandit chaque jour sous nos yeux.

Les lanceurs d'alerte et les désobéissants, de fait, en redéfiniront la géographie jour après jour. Les juges, mais aussi le législateur, devront accompagner ce mouvement en contenant toutes les possibilités d'instrumentalisation.

C'est à cette condition que les hyper-citoyens de demain pourront être les nouveaux acteurs inédits et irremplaçables pour freiner la déshumanisation du monde, sinon peut-être tout simplement l'humaniser.

REMERCIEMENTS

Mes remerciements vont d'abord à Léa Forestier, mon épouse (et associée) dont la patience et la présence exigeantes ont été décisives pour construire cet ouvrage, et bien sûr, à Muriel Hees, mon éditrice, qui n'a jamais désarmé, ni de gentillesse ni de fermeté, pour me permettre de le mener à bien.

Je remercie également tous les lanceurs d'alerte, les désobéissants dont j'ai pu croiser le destin ou suivre les tribulations et dont les histoires ont été le terreau qui m'a permis d'écrire ce livre.

ANNEXES

ANNEXE 1
Du droit de désobéir à un ordre manifestement illégal

DROIT INTERNATIONAL

Ce droit est consacré dans le Statut du Tribunal militaire international de Tokyo, la Convention des Nations unies contre la torture et autres peines et traitements cruels inhumains ou dégradants[1], les différentes versions du Projet de codes des crimes contre la paix et la sécurité de l'humanité[2] et, plus récemment, dans le Statut des Tribu-

---

1. Convention contre la torture et autres peines ou traitements cruels inhumains ou dégradants, Rés, AG ONU A/39/51 (1984), art. 2, par. 3.

2. Projet de code des crimes contre la paix et la sécurité de l'humanité, Annuaire de la Commission du droit international 1954, vol. II, p. 149-152. Projet de code des crimes contre la paix et la sécurité de l'humanité, Annuaire de la Commission du droit international, 51e session (6 mai – 26 juillet 1996), Doc off, Supp n° 10 (A/51/10), p. 48-51, art. 5.

naux pénaux internationaux pour le Rwanda [1] et pour l'ex-Yougoslavie respectivement[2].

De nombreux États objectèrent que ce fait justificatif impliquait de répondre à une douloureuse question, celle de savoir quel était le seuil à partir duquel un subordonné pouvait, voire même, devait discuter les ordres de son supérieur. C'est pour cette raison qu'il n'existe aucun article dans les quatre Conventions de Genève de 1949 sur les crimes de guerre intégrant ce fait justificatif.

Le droit le plus moderne résulte de l'article 33 du Statut de la Cour pénale internationale adopté en juillet 1998 qui dispose:

Article 33

1. Le fait qu'un crime relevant de la compétence de la Cour a été commis sur l'ordre d'un gouvernement ou d'un supérieur hiérarchique, militaire ou civil, n'exonère pas la personne qui l'a commis de sa responsabilité pénale, à moins que:

a) Cette personne n'ait eu l'obligation légale d'obéir aux ordres du gouvernement ou du supérieur hiérarchique;

b) Cette personne n'ait su que l'ordre était illégal;

---

1. Statut du Tribunal pénal international pour le Rwanda, Conseil de sécurité, Rés. 955 8 novembre 1994, art. 6, par. 3

2. Statut du Tribunal pénal international pour l'ex-Yougoslavie, Conseil de sécurité, Doc S/25704, 3 mai 1993, art. 7, par. 4

et c) l'ordre n'ait pas été manifestement illégal.

2. Aux fins du présent article, l'ordre de commettre un géno-
cide ou un crime contre l'humanité est manifestement illégal.

DROIT FRANÇAIS

L'article 122-4 de notre code pénal prévoit :
N'est pas pénalement responsable la personne qui
accomplit un acte prescrit ou autorisé par des dispositions
législatives ou réglementaires.

N'est pas pénalement responsable la personne qui
accomplit un acte commandé par l'autorité légitime, sauf
si cet acte est manifestement illégal.

Par ailleurs, le règlement de discipline des forces armées
protège un subordonné qui décide de ne pas obéir à un ordre
dont l'exécution lui paraît pouvoir entraîner la perpétration
d'un crime ou d'un délit. L'instruction ministérielle du
4 novembre 2005 (Instruction N° 201710/DEF/SGA/DFP/
FM/1) prise en application de ce règlement, prévoit ainsi
expressément en son article 7 intitulé « Devoirs et responsabilité du subordonné », non pas simplement un droit, mais
l'exigence d'un devoir de désobéissance :

L'obéissance aux ordres est le premier devoir du
subordonné.

Toutefois, le subordonné doit refuser d'exécuter un ordre
prescrivant d'accomplir un acte manifestement illégal.

À défaut, le subordonné ayant exécuté cet ordre engage sa responsabilité disciplinaire et pénale. Cette dernière s'apprécie selon les règles du droit pénal. Notamment, les causes d'irresponsabilité, telle la contrainte, peuvent exonérer le subordonné de toute culpabilité.

En revanche, le subordonné qui refuse d'exécuter un ordre au motif qu'il serait manifestement illégal est fautif si le caractère manifestement illégal de cet ordre n'est pas avéré.

Dans ce cas, le militaire fait savoir son refus par tout moyen, directement et dans les plus brefs délais :

– soit au ministre de la défense (cabinet) ;

– soit à son chef d'état-major d'armée ou à l'autorité correspondante pour les formations rattachées ;

– soit à l'inspecteur général de son armée ou de sa formation rattachée.

ANNEXE 2
Désobéissance civile et droit de résister à la tyrannie

On rappellera que l'éphémère constitution de 1793 a renforcé le droit de résistance à l'oppression par la notion de devoir.

C'est ce que nous en dit l'article 35 :

Quand le gouvernement viole les droits du peuple, l'insurrection est, pour le peuple et pour chaque portion du peuple, le plus sacré des droits et le plus indispensable des devoirs.

Il est précédé par l'article 33 qui nous dit :

La résistance à l'oppression est la conséquence des autres Droits de l'homme.

Implicitement, la communauté internationale l'a consacré aussi en prévoyant à l'article 1 de la Charte de l'ONU : « Article premier – 1. Tous les peuples ont le droit de disposer d'eux-mêmes. En vertu de ce droit, ils déterminent librement leur statut politique et assurent librement leur développement économique, social et culturel »[1].

On rappellera aussi l'article 8 de la Déclaration universelle des droits de l'homme qui nous dit que :

Nul ne sera tenu en esclavage ; l'esclavage et la traite des esclaves sous toutes les formes sont interdits.

Et puis un article sibyllin mais qui introduit un paradigme universel : *Nul ne sera tenu en servitude.*

---

1. *Pacte international relatif aux droits économiques, sociaux et culturels, adopté et ouvert à la signature, à la ratification et à l'adhésion par l'Assemblée générale dans sa résolution 2200 A (XXI) du 16 décembre 1966, entrée en vigueur : le 3 janvier 1976, conformément aux dispositions de l'article 27.*

C'est sur ces fondements et en fidélité avec le préambule de la Déclaration universelle des droits de l'homme du 10 décembre 1948 que s'est élaboré un droit positif international qui a inspiré de nombreuses résolutions du Conseil de sécurité qui, parfois, font état de la notion, de résistance, telle la résolution de l'assemblée générale 2625 (XXV, annexe 24 octobre 1970, qui légitime la résistance (et donc une certaine violence contre des mesures de coercition qui priveraient des peuples de droits à disposer d'eux-mêmes).

Cette disposition rappelle que :

En vertu du principe de légalité de droits des peuples et de leur droit à disposer d'eux-mêmes, principe consacré dans la Charte des Nations unies, tous les peuples ont le droit de déterminer leur statut politique, en toute liberté et sans ingérence extérieure, et de poursuivre leur développement économique, social et culturel, et tout État a le devoir de respecter ce droit conformément aux dispositions de la Charte.

Et que :

Tout État a le devoir de s'abstenir de recourir à toute mesure de coercition qui priverait les peuples mentionnés ci-dessus dans la formulation du présent principe de leur droit à disposer d'eux-mêmes, de leur liberté et de leur indépendance. Lorsqu'ils réagissent et résistent à une telle mesure de coercition dans l'exercice de leur droit à disposer d'eux-mêmes, ces peuples sont en en droit de chercher et de recevoir un appui conforme aux buts et principes de la Charte.

ANNEXE 3
État de la loi en France

La première loi française qui a protégé les lanceurs d'alerte a été promulguée le 13 novembre 2007. Elle n'en offre qu'une définition limitée, donnant une protection aux salariés français[1] du secteur privé et du secteur privé seulement (article L 1161-1 du code du travail) signalant de bonne foi des faits de corruption constatés dans l'exercice de ces fonctions.

Cet article prévoit que :

Aucune personne ne peut être écartée d'une procédure de recrutement ou de l'accès à un stage ou à une période de formation en entreprise, aucun salarié ne peut être sanctionné, licencié ou faire l'objet d'une mesure discriminatoire, directe ou indirecte, notamment en matière de rémunération, de formation, de reclassement, d'affectation, de qualification, de

---

1. Article L 11.61-1 du Code du travail.

*classification, de promotion professionnelle, de muta-
tion ou de renouvellement de contrat pour avoir relaté
ou témoigné, de bonne foi, soit à son employeur, soit
aux autorités judiciaires ou administratives, de faits
de corruption dont il aurait eu connaissance dans
l'exercice de ses fonctions.*

*Toute rupture du contrat de travail qui en résulterait,
toute disposition ou tout acte contraire est nul de plein
droit.*

*En cas de litige relatif à l'application des deux
premiers alinéas, dès lors que le salarié concerné ou le
candidat à un recrutement, à un stage ou à une période de
formation en entreprise établit des faits qui permettent de
présumer qu'il a relaté ou témoigné de faits de corruption,
il incombe à la partie défenderesse, au vu de ces éléments,
de prouver que sa décision est justifiée par des éléments
objectifs étrangers aux déclarations ou au témoignage du
salarié. Le juge forme sa conviction après avoir ordonné,
en cas de besoin, toutes les mesures d'instruction qu'il
estime utiles.*

*Loi n°2007-1598 du 13 novembre 2007 – art. 9 JORF
14 novembre 2007 en vigueur au plus tard le 1ᵉʳ mars
2008.*

Outre cette loi, un dispositif d'alerte absolument facul-
tatif et strictement encadré par la Commission nationale

de l'informatique et des libertés (CNIL) a été mis en place en 2005 à la suite de la loi américaine Sarbane-Oxley (dite SOX) restreint en 2010 au « domaine comptable financier, bancaire et de la lutte anti-corruption ».

Sur la protection des agents publics :

L'article 40 du code de procédure pénale est évidemment beaucoup plus ancien et oblige tout agent public à signaler au procureur de la République tout délit dont il a connaissance dans l'exercice de ses fonctions ; il dispose que :

Le procureur de la République reçoit les plaintes et les dénonciations et apprécie la suite à leur donner conformément aux dispositions de l'article 40-1.

Toute autorité constituée, tout officier public ou fonctionnaire qui, dans l'exercice de ses fonctions, acquiert la connaissance d'un crime ou d'un délit est tenu d'en donner avis sans délai au procureur de la République et de transmettre à ce magistrat tous les renseignements, procès-verbaux et actes qui y sont relatifs.

Enfin aux termes de l'article 11 du titre I du statut général des fonctionnaires : *La collectivité publique est tenue de protéger les fonctionnaires contre les menaces, violence, voie de fait, injure, diffamation, outrage dont il pourrait être victime à l'occasion de leur fonction et de réparer le cas échéant le préjudice qui en est résulté.*

On doit considérer qu'en vertu de l'article 40, un fonctionnaire est fondé à invoquer la protection de l'article 11 du statut tel qu'évoqué ci-dessus.

Dans son rapport 2011 paru en juillet 2012, le Service central de prévention de la corruption (SCPC) du ministère français notait que l'article 40 reste «un dispositif faiblement opérationnel». Il relevait ses limites juridiques (absence d'une sanction spécifique, confrontation avec les autres obligations de l'agent public – secret et discrétion professionnelle, principe hiérarchique, ses obstacles techniques, absence en France d'un corps de contrôle des pratiques corruptrices, caractère dissimulé de la corruption sociologique et culturelle, qualité essentiellement passive du bon agent, soumission hiérarchique, conservatisme des mentalités et évidemment psychologiques, risque élevé de représailles, culture de l'anonymat, etc.).

C'est peu dire que l'article 40 en France ne remplit pas son office.

On soulignera qu'en vertu de l'article 6 ter a) de la loi du 4 décembre 2013, la protection contre les risques de représailles a été étendue, enfin, aux agents publics.

Dans le domaine de la santé publique ce droit d'alerte du salarié a été érigé par la (loi n° 2013-316 du 16 avril 2013[1] [article 8] relative à «l'indépendance de l'expertise

---

1. Article L 41.31-1 du code du travail.

en matière de santé et d'environnement et à la protection des lanceurs d'alerte ») qui institue un droit d'alerte du salarié à l'employeur de « tous dangers graves et imminents pour sa vie et sa santé » ; il a été intégré au Titre III du code du travail intitulé « droits d'alerte et de retrait » deux chapitres :

Chapitre II : Conditions d'exercice des droits d'alerte et de retrait
Article L 4132-1
Le droit de retrait est exercé de telle manière qu'il ne puisse créer pour autrui une nouvelle situation de danger grave et imminent.
Article L 4132-2
Lorsque le représentant du personnel au comité d'hygiène, de sécurité et des conditions de travail alerte l'employeur en application de l'article L. 4131-2, il consigne son avis par écrit dans des conditions déterminées par voie réglementaire.

L'employeur procède immédiatement à une enquête avec le représentant du comité d'hygiène, de sécurité et des conditions de travail qui lui a signalé le danger et prend les dispositions nécessaires pour y remédier.
Article L 4132-3
En cas de divergence sur la réalité du danger ou la façon de le faire cesser, notamment par arrêt du travail, de la machine ou de l'installation, le comité d'hygiène, de

sécurité et des conditions de travail est réuni d'urgence, dans un délai n'excédant pas vingt-quatre heures.

L'employeur informe immédiatement l'inspecteur du travail et l'agent du service de prévention de la caisse régionale d'assurance maladie, qui peuvent assister à la réunion du comité d'hygiène, de sécurité et des conditions de travail.

Article L 4132-4

À défaut d'accord entre l'employeur et la majorité du comité d'hygiène, de sécurité et des conditions de travail sur les mesures à prendre et leurs conditions d'exécution, l'inspecteur du travail est saisi immédiatement par l'employeur.

L'inspecteur du travail met en œuvre soit l'une des procédures de mise en demeure prévues à l'article L. 4721-1, soit la procédure de référé prévue aux articles L. 4732-1 et L. 4732-2.

Article L 4132-5

L'employeur prend les mesures et donne les instructions nécessaires pour permettre aux travailleurs, en cas de danger grave et imminent, d'arrêter leur activité et de se mettre en sécurité en quittant immédiatement le lieu de travail.

Chapitre III : Droit d'alerte en matière de santé publique et d'environnement

La loi a créé 5 nouveaux articles du code du travail dans ce chapitre 3 :

Article L 4133-1

Le travailleur alerte immédiatement l'employeur s'il estime, de bonne foi, que les produits ou procédés de fabrication utilisés ou mis en œuvre par l'établissement font peser un risque grave sur la santé publique ou l'environnement.

L'alerte est consignée par écrit dans des conditions déterminées par voie réglementaire.

L'employeur informe le travailleur qui lui a transmis l'alerte de la suite qu'il réserve à celle-ci.

Article L 4133-2

Le représentant du personnel au comité d'hygiène, de sécurité et des conditions de travail qui constate, notamment par l'intermédiaire d'un travailleur, qu'il existe un risque grave pour la santé publique ou l'environnement en alerte immédiatement l'employeur.

L'alerte est consignée par écrit dans des conditions déterminées par voie réglementaire.

L'employeur examine la situation conjointement avec le représentant du personnel au comité d'hygiène, de sécurité et des conditions de travail qui lui a transmis l'alerte et l'informe de la suite qu'il réserve à celle-ci.

Article L 4133-3

En cas de divergence avec l'employeur sur le bien-fondé d'une alerte transmise en application des articles L. 4133-1 et L. 4133-2 ou en l'absence de suite dans un délai d'un mois, le travailleur ou le représentant du personnel au comité d'hygiène, de sécurité et des conditions de travail peut saisir le représentant de l'État dans le département.

Article L 4133-4

Le comité d'hygiène, de sécurité et des conditions de travail est informé des alertes transmises à l'employeur en application des articles L. 4133-1 et L. 4133-2, de leurs suites ainsi que des saisines éventuelles du représentant de l'État dans le département en application de l'article L. 4133-3.

Article L 4133-5

Le travailleur qui lance une alerte en application du présent chapitre bénéficie de la protection prévue à l'article L. 1351-1 du code de la santé publique.

Plus récemment, la loi n° 2013-1117 du 4 décembre 2013 relative à la lutte contre la fraude fiscale et la grande délinquance économique et financière a prévu dans son article 35 :

Article 35

I. Après l'article L 1132-3-2 du code du travail, il est inséré un article L 1132-3-3 ainsi rédigé :

Art L 1132-3-3 : Aucune personne ne peut être écartée d'une procédure de recrutement ou de l'accès à un stage ou à une période de formation en entreprise, aucun salarié à un stage ou à une période de formation en entreprise, aucun salarié ne peut être sanctionné, licencié ou faire l'objet d'une mesure discriminatoire, directe ou indirecte, notamment en matière de rémunération, au sens de l'article L 3221-3, de mesures d'intéressement ou de distribution d'actions, de formation, de reclassement, d'affectation, de qualification, de classification, de promotion professionnelle, de mutation ou de renouvellement de contrat, pour avoir relaté oui témoigné, de bonne foi, de faits constitutifs d'un délit ou d'un crime dont il aurait eu connaissance dans l'exercice de ses fonctions.

En cas de litige relatif à l'application du premier alinéa, dès lors que la personne présente des éléments de fait qui permettent de présumer qu'elle a relaté ou témoigné de bonne foi de faits constitutifs d'un délit ou d'un crime, il incombe à la partie défenderesse, au vu des éléments, de prouver que sa décision est justifiée par des éléments objectifs étrangers à la déclaration ou au témoignage de l'intéressé. Le juge forme sa conviction après avoir ordonné, en cas de besoin, toutes les mesures d'instruction qu'il estime utiles.

II. Après l'article 6 bis de la loi nº 83-634 du 13 juillet 1983 portant droits et obligations des fonctionnaires, il est inséré un article 6 ter A ainsi rédigé :

Art. 6 ter A – Aucune mesure concernant notamment le recrutement, la titularisation, la formation, la notation, la discipline, la promotion, l'affectation et la mutation ne peut être prise à l'égard d'un fonctionnaire pour avoir relaté ou témoigné, de bonne foi, de faits constitutifs d'un délit ou d'un crime dont il aurait eu connaissance dans l'exercice de ces fonctions.

Toute disposition ou tout acte contraire est nul de plein droit.

En cas de litige relatif à l'application des deux premiers alinéas, dès lors que la personne présente des éléments de fait qui permettent de présumer qu'elle a relaté ou témoigné de bonne foi de faits constitutifs d'un délit ou d'un crime, il incombe à la partie défenderesse, au vu des éléments, de prouver que sa décision est justifiée par des éléments objectifs étrangers à la déclaration ou au témoignage de l'intéressé. Le juge forme sa conviction après avoir ordonné, en cas de besoin, toutes les mesures d'instruction qu'il estime utiles.

Le présent article est applicable aux agents non titulaires de droit public.

Puis,
Article 36
Après l'article 40-5 du code de procédure pénale, il est inséré un article 40-6 ainsi rédigé:

Art 40-6 – La personne qui a signalé un délit ou un crime commis dans son entreprise ou dans son administration est mise en relation, à sa demande, avec le service central de prévention de la corruption lorsque l'infraction signalée entre dans le champ de compétence de ce service.

Transparency International France formule les commentaires suivants concernant l'article 35 de la loi n° 2013-1117 :

Dans le secteur public comme le secteur privé, cette protection sera applicable à toutes les formes de représailles (licenciement, reclassement, sanctions, harcèlement etc.) ;

Protection pour tous les témoignages quel que soit leur destinataire (employeur, administration, autorité administrative ou judiciaire, organe de presse, etc.) ;

Nullité de plein droit de toute mesure ou sanction prise à l'encontre du salarié ou du fonctionnaire ;

Renversement de la charge de la preuve : il incombe à l'employeur ou au supérieur hiérarchique de prouver que la décision prise était justifiée par des éléments objectifs étrangers au témoignage de l'intéressé ;

Protection encadrée par l'exigence de bonne foi du lanceur d'alerte ;

Le salarié ou le fonctionnaire pourra être mis en relation, à sa demande, avec le service central de prévention de la corruption, si l'infraction signalée entre dans le champ de compétence de ce service. Concrètement, le SCPC apportera son soutien aux lanceurs d'alerte, permettant de lever les réticences qui pourraient empêcher un lanceur de signaler un délit.

Analyse :

Confirmation de la prise de conscience de la société civile de la nécessité d'une alerte éthique encadrée :

consécration d'un outil important de lutte contre les infractions économiques et financières.

ANNEXE 4
État de la loi aux États-Unis, Grande-Bretagne et autres pays

AUX ÉTATS-UNIS

C'est en 1989 que le congrès américain a promulgué le *whistleblower protection act* afin de défendre toute personne apportant la preuve « d'une infraction à une loi, *une règle ou un règlement ou encore d'une mauvaise gestion évidente, d'un flagrant gaspillage de fonds, d'un abus de pouvoir ou d'un danger significatif et spécifique en ce qui a trait à la santé et à la sécurité publique* ».

Cette disposition a été renforcée en 2000 par le *no fear act*, puis en 2012 par le *whistleblower protection enhancement act*.

Deux carences sont relevées systématiquement s'agissant de la loi américaine : pour les employés du secteur le risque de représailles est infiniment plus élevé qu'en France car le code du travail y est infiniment moins protecteur et enfin la plupart des employés fédéraux dépendants de l'exécutif du renseignement ne sont évidemment pas protégés par le *whistleblower protection enhancement act*, sinon Edward Snowden serait devenu un héros.

La loi «*Sarbanes Oxley*», dite «*SOX*» du 30 juillet 2012 visant à protéger les investisseurs en améliorant l'exactitude et la fiabilité des publications des sociétés cotées, a décrété de nouvelles règles de comptabilité et transparence, notamment en imposant des obligations de publications des informations financières plus contraignantes pour ces entreprises ainsi que l'obligation pour les entreprises américaines de présenter à la *Securitiers and Exchange Commission* (SEC) des comptes certifiées par leur représentant.

Les associations aux États-Unis soulignent que la loi américaine a favorisé ces dernières années l'augmentation substantielle des révélations de faits de corruption, blanchiment, notamment auprès de la SEC, révélations à l'origine de l'ouverture de très nombreuses enquêtes.

DEUX EXEMPLES SPECTACULAIRES MÉRITENT D'ÊTRE RAPPELÉS

Ils démontrent que, lorsque l'alerte peut prospérer jusqu'à ceux qui sont en responsabilité, sans frein, elle conduit parfois à de lourdes conséquences.

Le premier exemple porte sur la lutte contre la corruption, au cœur des activités du ministère américain de la Justice. Un «donneur d'alerte» a provoqué la révocation de hauts fonctionnaires du ministère après avoir révélé la corruption systématique, dans le cadre de son programme de formation des forces de police d'autres nations aux techniques d'enquête et de poursuite de la corruption au sein du gouvernement américain.

Le second exemple concerne la construction d'une centrale nucléaire en Californie. Au lieu d'utiliser un acier spécial de «qualité nucléaire» fort cher, des pièces essentielles du réacteur ont été fabriquées en ferraille, tandis qu'un agent empochait la différence de coût.

C'est ce donneur d'alerte qui, en révélant la fraude, et alors que la construction de la centrale était pratiquement achevée, a conduit à ce qu'elle soit convertie en centrale à charbon.

SOURCE :

Doc 10006

14 septembre 2009

La protection des «donneurs d'alerte»

Rapport Commission des questions juridiques et des droits de l'homme

Assemblée parlementaire

EN GRANDE-BRETAGNE

La loi qui est en vigueur est considérée comme la loi la plus aboutie – en quelque sorte une loi exemplaire.

Au Royaume-Uni, l'adoption de la loi de 1998 sur les révélations d'intérêt public (« *Public Interest Disclosure Act* ») a été provoquée par une série de catastrophes qui auraient pu être évitées, notamment le naufrage du ferry *Heralf of Free Enterprise* et la destruction d'une plate-forme pétrolière en mer du Nord. Si les employés – qui étaient au courant des problèmes et avaient tenté en vain de les faire remonter via leur hiérarchie – avaient eu à leur disposition des moyens sûrs de faire entendre leurs inquiétudes sans consulter leurs supérieurs directs, des centaines de vies auraient très vraisemblablement pu être sauvées.

C'est précisément à cela que servent les procédures internes de signalement.

Cette loi considérée comme un modèle inégalé est le *public interest disclosure act 1998 (« PIDA »)*. Cette loi permet une large protection des salariés, du secteur public comme du secteur privé, contre les licenciements injustifiés ou toute autre mesure de rétorsion.

En Angleterre comme dans d'autres pays, et notamment au Canada, la législation a imposé la création d'un organe gouvernemental où une fondation indépendante est dédiée précisément aux lanceurs d'alerte (saisine, soutien juridique, suivi des investigations, publications des données), soit une véritable autorité administrative indépendante (*« Public concern at work »*). Le *Public concern at work* propose aux lanceurs d'alerte un service d'aide et de conseils juridiques gratuit. Il suit l'état d'avancement de l'alerte et la réaction de la hiérarchie. Si le lanceur d'alerte décide de saisir les tribunaux, cette fondation l'assiste juridiquement.

SOURCE :

Doc 10006

14 septembre 2009

La protection des « donneurs d'alerte»

Rapport Commission des questions juridiques et des droits de l'homme

Assemblée parlementaire

Plus généralement, concernant l'état des législations européennes sur le traitement juridique des lanceurs d'alerte, nous renvoyons au panorama très complet du rapport de la Commission des questions juridiques et des droits de l'homme de l'Assemblée parlementaire du Conseil de l'Europe en date du 14 septembre 2009, rapport consultable à l'adresse suivante :

http://assembly.coe.int/ASP/Doc/XrefViewHTML.asp?FileID=12302&Language=FR

EN CHINE

Pour mémoire, en Chine, il existe une loi protectrice des donneurs d'alerte, considérée comme plutôt encourageante. Bien sûr son dispositif contraint les citoyens qui veulent donner l'alerte à ne le faire que de façon politiquement très encadrée, c'est-à-dire à travers les organes du parti communiste chinois.

Annexe 5
Une nouvelle jurisprudence européenne vers une exception de citoyenneté

LE DROIT EUROPÉEN

La jurisprudence de la Cour européenne des droits de l'homme n'a cessé ces dernières années de consacrer le droit d'un citoyen, et particulièrement d'un fonctionnaire, à révéler l'existence de conduites ou d'actes illégaux.

C'est ainsi que dans un arrêt Guja, c/ Moldova (en l'espèce un agent public avait été poursuivi pour avoir divulgué des courriers d'origine judiciaire – relatifs à la conduite du vice-président du Parlement et à l'inaction du procureur général – à la presse de son pays), la CEDH le 12 février 2008 a considéré que la Moldavie avait violé l'article 10 de la CEDH aux motifs suivants :

Consciente de l'importance du droit à la liberté d'expression sur des questions d'intérêt général, du droit des fonctionnaires et des autres salariés de signaler les conduites ou actes illicites constatés par eux sur leur lieu de travail, des devoirs et responsabilités des salariés envers leurs employeurs et du droit de ceux-ci de gérer leur personnel, la Cour, après avoir pesé les divers autres intérêts ici en jeu, conclut que l'atteinte portée au droit à la liberté d'expression du requérant, en particulier à son droit de communiquer des informations, n'était pas « nécessaire dans une société démocratique ». Partant il y a eu violation de l'article 10 de la Convention. (Pièce produite et versée au dossier de l'instruction)

La Cour avait également motivé sa décision comme suit :

Cela dit, la Cour considère que l'intérêt général à ce que soient divulguées les informations faisant état de pressions et d'agissements illicites au sein du parquet est si important dans une société démocratique qu'il emporte sur l'intérêt qu'il y a à maintenir la confiance du public dans le paquet général.

Elle rappelle à cet égard qu'une libre discussion des problèmes d'intérêt public est essentielle en démocratie et qu'il faut se garder de décourager les citoyens de se prononcer sur de tels problèmes (Barfod c/. Danemark, arrêté du 22 février 1989, série A n° 149, § 29).

Puis, un arrêt plus récent, expose que :

La Cour relève que le débat dans le cadre duquel les propos litigieux ont été tenus relevait de l'intérêt général, la critique des modalités d'emploi et de rémunération du directeur de l'ADPE touchant incontestablement à la gestion de la municipalité et des fonds publics. [...]. Son

discours s'analyse donc comme celui d'un opposant poli-
tique, pour l'encadrement duquel la marge d'appréciation
des États est très limitée. [...]
De plus, elle ne partage pas l'avis du gouvernement
quant à l'absence de prudence et à la virulence dont aurait
fait preuve le requérant, les propos litigieux ne contenant
ni allégation explicite de commission d'une infraction ni
mise en cause du titulaire de l'emploi concerné (Jean-
Jacques Morel c/ France, arrêt du 10 octobre 2013,
requête n° 25 689/10)

ANNEXE 6
La jurisprudence française
– Vers une exception de citoyenneté

LES DÉBOULONNEURS

Ces derniers ont été relaxés par un jugement rendu par
le Tribunal correctionnel de Paris, le 25 février 2013, de
quoi inspirer demain les stratégies de défense des futurs
lanceurs d'alerte :

– L'existence d'un fait justificatif
Une infraction est commise en état de nécessité, lorsque
la personne accomplit un acte nécessaire à la sauvegarde

d'une personne ou d'un bien, face à un danger imminent qui menace une personne elle-même, autrui, ou un bien, l'infraction n'est alors pas constituée, selon l'article 122-7 du code pénal, sauf s'il y a disproportion entre les moyens employés et la gravité de la menace.
– Sur la difficulté d'échapper à la contrainte publicitaire

La publicité, dans les très grandes dimensions d'affiches ou de panneaux qu'elle impose désormais dans l'espace public comporte une contrainte morale pour les passants.

À la différence de la publicité télévisée, radiophonique ou même informatique, il est impossible d'y échapper en fermant la télévision, la radio ou l'ordinateur. Il suffit de passer dans la rue pour que le regard soit capté par les affiches, sans pouvoir s'en détourner.

Le professeur Got et le chercheur en neurosciences au CNRS, Mehdi Reguigne Khamassi, entendus comme témoins, ont exposé à l'audience et dans de nombreux articles que loin de pouvoir éviter les affiches publicitaires de grandes dimensions, en raison de la manière dont l'être humain se déplaçait dans l'espace, l'attention du cerveau humain était au contraire attirée à son insu par ces messages, ce qui au fond était inhérent à leur objectif.

Ainsi, l'homme a un réflexe de saccade oculaire pour se déplacer dans l'espace, et ne peut désactiver cette zone du cerveau pour éviter les panneaux publicitaires.

S'agissant de l'affichage de grande dimension, il n'est en quelque sorte pas possible d'y échapper de manière consciente ou inconsciente, pour des raisons de fonctionnement neurologique du cerveau humain, ce qui peut s'apparenter à de la contrainte morale des publicitaires à l'encontre du citoyen.

– Sur le danger imminent de la publicité

C'est ainsi que, malgré les campagnes de prévention concernant l'obésité et la manière saine de se nourrir, on assiste en Europe occidentale et en Amérique du Nord à une véritable épidémie d'obésité, reconnue comme telle par les professionnels de santé, en raison des sollicitations constantes de la publicité à manger tel ou tel aliment gras ou sucré. Cette épidémie d'obésité entraîne de graves problèmes de santé et même des décès qui sont un danger imminent et réel pour les citoyens les plus fragiles, pour les jeunes ou pour les personnes à faible sens critique.

Il en est de même pour les accidents de la route, notamment ceux causés par l'alcool au volant, malgré les importantes campagnes de la sécurité routière, en raison des incitations constantes des immenses publicités affichées au bord de toutes les routes à consommer telle ou telle boisson alcoolisée, ou à acheter tel ou tel véhicule roulant à très grande vitesse, bien au-delà des vitesses autorisées.

Le danger imminent de mourir dans un accident de la route, notamment sous l'incitation publicitaire à acquérir des voitures qui roulent toujours plus vite, ou à boire des

*alcools qui donnent une image de soi fortement positive,
est réel.*

*Enfin, les publicités, certes détournées, pour des
marques de cigarettes, par affichage public notamment,
sont un danger réel et imminent pour une partie de la
population d'être gravement malade ou de décéder de
problèmes pulmonaires.*

*Il est donc indéniable que la publicité par affichage
public de très grande dimension peut, dans certains cas,
présenter un danger imminent pour la santé de l'être
humain.*

*En l'espèce, les affiches qui ont été recouvertes de
slogans par les prévenus concernaient ce type de publicité.
– Sur la nécessité de l'infraction et sa proportionnalité
avec la gravité de la menace*

*La jurisprudence a admis, dans de rares cas, l'état de
nécessité devant l'impossibilité pour l'auteur de l'infraction de faire autrement que de la commettre.*

*Ainsi, l'impossibilité pour les personnes, en passant
dans la rue, d'échapper à l'affichage publicitaire de
grande dimension caractérise une contrainte morale, ce
qui n'est bien sûr pas le cas pour celui qui ne souhaite
pas entendre ou voir de la publicité et qui peut éteindre sa
radio ou télévision.*

*Attendu que les prévenus ont exposé qu'ils avaient
utilisé depuis la création de leur collectif, « les déboulonneurs de Paris », toutes les voies de droit qui s'offraient à*

eux pour imposer un changement des textes. C'est ainsi qu'ils ont participé au débat national sur l'environnement en 2006 appelé Grenelle 1, et réunissant les associations, les représentants de la Nation et les ministres en charge de l'environnement sous l'autorité du Premier ministre.

De même, espérant une réglementation plus contraignante de la publicité, ils ont participé au Grenelle 2, qui a abouti au contraire à la possibilité pour les afficheurs de faire défiler des panneaux publicitaires comportant de très grands écrans dans les espaces publics, et à poser d'immenses bâches sur les échafaudages supportant de très grandes publicités, comme on a pu d'ailleurs l'observer pendant 2 ans sur le Palais de justice de Paris.

Le collectif « les Déboulonneurs de Paris » a donc, sans succès, tenté d'utiliser la voie législative pour réduire les effets nocifs des affiches publicitaires dans l'espace public.

Il a aussi tenté d'alerter les pouvoirs publics, sans plus de succès.

Devant la nocivité sur la santé de certaines publicités pour les aliments malsains, le tabac ou l'alcool, à l'origine du décès d'un nombre non négligeable de personnes, il peut être considéré que le fait de griffonner des slogans sur des affiches, c'est-à-dire de commettre des contraventions de dégradations légères, est proportionné au danger de maladie ou de mort encouru par ces personnes.

Les contraventions de dégradations légères ont donc été commises en état de nécessité.

Il convient d'en relaxer les prévenus.

JUGEMENT PHILIPPE PICHON – CHAMBRE DE LA PRESSE – 22 OCTOBRE 2013

Une référence aujourd'hui, celle du jugement rendu le 22 octobre 2013 par la 17e Chambre correctionnelle du TGI de Paris – Chambre de la presse qui a rendu une décision extrêmement bienveillante à l'égard d'un des auteurs du livre et qui l'a motivée comme suit :

En effet, il a notamment alerté sa hiérarchie sur ces dysfonctionnements dans une note qu'il a rédigée le 22 février 2007 puis a collaboré notamment avec Frédéric Ocqueteau pour caractériser, mettre au jour et dénoncer lesdits dysfonctionnements, qui sont ceux qui ont également suscité des réactions fermes de la CNIL, mettant en cause la fiabilité du système, l'inadéquation entre les moyens mis en œuvre par les ministères concernés et les objectifs assignés au fichier, le non-respect de la durée de conservation des données, le défaut de renseignements donnés par les parquets pour assurer la véracité des informations, le défaut de politique suffisamment stricte des habilitations et, plus généralement, la mise en œuvre de moyens permettant de s'assurer de la fiabilité du système, déficient à maints

*égards et qui peut générer des préjudices importants
pour les citoyens.*

*Son travail de collaboration avec Frédéric Ocqueteau a
conduit, sous l'égide du CNRS, à une publication intitulée
« La Sécurité publique à l'épreuve de la LOLF » au mois
de mars 2008 et le 15 octobre de cette même année, deux
sénateurs ont sollicité le président de leur Haute Assemblée aux fins d'obtenir une mise à disposition de Philippe
Pichon pour une mission d'expertise en matière de police
et de sécurité intérieure.*

*Sans que les alertes sans doute infructueuses que le
prévenu a lancées, d'abord à sa hiérarchie, puis, par
d'autres moyens, ne puissent caractériser un état de
nécessité justifiant la commission des infractions à défaut
de proportionnalité entre les atteintes aux droits des
administrés et les infractions ci-dessus caractérisées, le
tribunal ne peut que constater que les faits qui lui sont
reprochés sont partiellement motivés par les convictions
d'intérêt public du prévenu.*

BIBLIOGRAPHIE

Les rapports et contributions écrites

Rapports de la CNUCC (Rapport de l'examen de l'application de la Convention des Nations unies contre la corruption en France du 9 janvier 2012).

Rapports de l'OCDE (Rapport d'évaluation et de suivi sur la mise en œuvre par la France de la convention de l'OCDE sur la lutte contre la corruption « Phase 1 », « Phase 2 » et « Phase 3 », rapport annuel du Groupe de travail de l'OCDE sur la corruption).

Rapports du GRECO (Rapports d'évaluation et de conformité concernant la France, « Phase 1 », « Phase 2 » et « Phase 3 », 13e rapport général d'activités 2012, rapport thématique « Leçons tirées des trois cycles d'évaluation 2000-2010 », rapport de synthèse thématique du 3e cycle d'évaluation du GRECO « incriminations »).

Rapport 2012 de Transparency International France sur la corruption en France.

Rapport de Transparency International France établi en janvier 2013 par Nicole Marie Meyer, expert whistleblowing auprès de Transparency International « L'alerte éthique ou "whistle-blowing" en France »).

Rapports du Service Central de Prévention de la Corruption (2010, 2011 et 2012).

Rapport de la Commission de réflexion pour la prévention des conflits d'intérêt dans la vie publique dite « Commission Sauve » (2011).

Antonmattei Paul-Henri, Vivien Philippe (2007), Rapport au ministre délégué à l'Emploi, au Travail et à l'Insertion professionnelle des jeunes, Charte d'éthique, alerte professionnelle et droit du travail français : état des lieux et perspective, Rapport au gouvernement, La documentation française, Paris.

Service central de prévention de la corruption « Les dispositifs d'alerte : le whistleblowing », in Rapport 2011, chapitre V (p. 164-239).

Serviere Samuel Frédéric (2011) « Whistleblowing / Alerte éthique dans l'administration », novembre [www.ifrap.org]

Transparency international France (2004), Favoriser le déclenchement d'alerte en France, Paris.

Transparency international (2009), Alternative to silence, Whistleblower protection in 10 European countries.

Vandekerckhove Wim, Commers Ronald M.S. (2003), "Whistleblowing, Loyalty and Integrity Within the Organizational Discourse", Conference organisée par l'Asia-Pacific Researchers in Organization Studies, Oaxaco, Mexique, 7-10 decembre.

Wright Katie (2008), "Towards a Cultural Sociology of Whistleblowing" Re-Imagining Sociology, Refereed Proceedings of the Australian Sociological Association, Melbourne.

Rapport de Transparency international "Whistleblowing in Europe, Legal protections for whistleblowers in the EU" (2013).

« Whistleblower protection : encouraging reporting », OECD July 2012

Rapport de l'Assemblée parlementaire du Conseil de l'Europe (2009) « La protection des donneurs d'alerte »

CNIL, Délibération n° 2005-305 du 8 décembre 2005 portant autorisation de traitements automatisés de données à caractère personnel mis en œuvre dans le cadre de dispositifs d'alerte professionnelle, http://www.cnil.fr/documentation/deliberations/deliberation/delib/83/

CNIL, Document d'orientation adopté le 10 novembre 2005 pour la mise en œuvre de dispositifs d'alerte professionnelle conformes à la loi du 6 janvier 1978, relative à l'informatique, aux fichiers et aux libertés, http://www.cnil.fr/fileadmin/documents/La_CNIL/actualite/CNIL-docori-10112005.pdf

Reporters sans frontières, (2013) « Conseil de l'Europe : proposition de résolution sur la surveillance et les lanceurs d'alerte », http://fr.rsf.org/union-europeenne-conseil-de-l-europe-proposition-de-07-08-2013,45022.html

Reporters sans frontières, (2013) « Whisleblowers need protection », communiqué soumis au Conseil des droits de l'homme le 4 septembre 2013 lors de sa 24e session, http://daccess-dds-ny.un.org/doc/UNDOC/GEN/G13/167/41/PDF/G1316741.pdf?OpenElement

Les articles et livres sur les lanceurs d'alerte

Cercle éthique des affaires (2005) « Whistleblowing : quel système d'alerte éthique pour les entreprises françaises », *Les cahiers de l'éthique*, Paris.

Chateaureynaud Francis, Torny Didier (1999), Les sombres précurseurs, une sociologie pragmatique de l'alerte et du risque, Édition de l'EHESS, Paris.

CFDT Cadres (2010) « Dénoncer ou alerter ? », revue *Cadres* n° 439, juin.

Didier Christelle (1999), Pour un questionnement éthique des choix techniques. Une ouverture dans la formation des ingénieurs, «document de travail» n° 109, Édition Charles Léopold Mayer, Paris [http://www.eclm.fr/fileadmin/administration/pdf_livre/237.pdf]

Didier Christelle (2011), « L'alerte professionnelle en France : un outil problématique au cœur de la RSE» *in* Postel Nicolas, Cazal Didier, Chavy Frédéric, Sobel Richard, 2011, La responsabilité sociale et environnementale des entreprises. Une nouvelle régulation du capitalisme ?, Septentrion, «Capitalismes, Éthique, Institutions», Villeneuve d'Ascq, p. 209-220.

Dyck I.J. Alexander, Adair Morse, Luigi Zingales (2008), "Who Blows the whistle on corporate frauds?"

Fayol François (2002), « Droit d'alerte et whistle-blowing. Donner du sens et négocier », Revue *Cadres-Cfdt*, n° 414, p. 37-42.

Fayol François (2007), « Construire et garantir la responsabilité sociale des cadres. La place du droit», semaine sociale Lamy, supplément du 4 juin 2007, n° 1310, p. 39-44.

Flament Laurent, Philippe Thomas (2005), « Le "whistleblowing" : à propos de la licéité des systèmes d'alerte éthique», *La semaine juridique sociale*, 18 octobre 2005, n° 17, p. 1277.

Force Ouvrière (2005) « Les systèmes d'alerte éthique. Une conception bien désagréable de la démocratie en entreprise », *InFOjuridique*, n° 50, juin.

Iribane (D') Philippe (2002), « La légitimité de l'entreprise comme acteur éthique aux États-Unis et en France », *Revue française de gestion*, septembre-octobre, p. 23-39.

Meyer Nicole-Marie (2012) « Le droit d'alerte depuis 2009 », in *Lettre* n° 53 Transparency International France juillet 2012, p. 6-7 [www.tranparence-france.org]

Meyer Nicole-Marie (2012) « Le droit d'alerte concerne aussi les fonctionnaires », Revue *Acteurs publics*, n° septembre-octobre 2012.

« Jusqu'où obéir à la loi ? » par Evelyne Sire-Marin publié sur https://acces-distant.sciences-po.fr

Muller Jean-Marie, *Principes et méthodes de l'intervention civile*, Desclée de Brouwer/Éditions Charles Léopold Mayer, 1996.

« Opposants, désobéisseurs et désobéissants » par Albert Ogien – http://www.cairn.info/revue-multitudes-2010-2-page-186.html

"Whistleblower protection legislation of the East and West : can it really reduce corporate fraud and improve corporate governance ?" par Rachel Beller

Article sur les lanceurs d'alerte face aux secrets
Article de Frédéric Ocqueteau & Philippe Pichon
« Secret professionnel et devoir de réserve dans la
Police. Le pouvoir disciplinaire face aux lanceurs
d'alerte » Archives de politique criminelle 2011/1
(n° 33).

Articles sur la déontologie des fonctionnaires :
« *Conflits d'intérêts : l'État rentre enfin dans le rang.
– À propos des lois du 11 octobre 2013* », par le
Docteur en droit Paul Lignières, *La Semaine
Juridique* Édition Générale n° 44, 28 octobre 2013,
1123.
« *La déontologie du fonctionnaire et l'alerte éthique
sont-elles compatibles ?* », *par* Monsieur Samuel
Dyens, AJ Collectivités Territoriales 2012, p. 557.
« *Dernière ligne droite pour les projets de loi sur la
transparence de la vie publique* » par Jean-Marc
Pastor, AJDA 2013, p. 1716.
« *Déontologie, droits et obligations des fonction-
naires : présentation d'un statut rénové* », Cons.
Ministres, communiqué 17 juillet 2013, *La
Semaine Juridique* Administrations et Collectivités
territoriales n° 30, 22 juillet 2013, act. 662.
Étude « *Transparence de la vie publique et pré-
vention des conflits d'intérêts : le discours et la
méthode. – À propos des projets de loi relatifs à la*

transparence de la vie publique du 24 avril 2013 », par Pierre Villeneuve, *La Semaine Juridique* Administrations et Collectivités territoriales n° 23, 3 juin 2013, 2163.

Pascal Cadieu, L'introuvable statut du fonctionnaire « lanceur d'alerte », revue Lamy collectivités territoriales 2013, p. 89 ; Le contrôle citoyen des collectivités territoriales, revue Lamy Collectivités territoriales 2012 ; L'article 40 alinéa 2 du CPP à l'épreuve du Statut général de la Fonction Publique, AJFP 2004, p. 27.

Gerald Chalon, L'article 40 alinéa 2 du CPP et le fonctionnaire : nature et portée de l'obligation de dénoncer, AJFP 2003, p. 31.

Éric Desmons, L'articulation du principe d'obéissance hiérarchique et de la responsabilité pénale des fonctionnaires, *Les Petites Affiches*, 28 juin 1996, n° 78, p. 10.

Samuel Dyens, La déontologie du fonctionnaire et l'alerte éthique sont-elles compatibles ? AJ collectivités territoriales 2012, p. 557.

Pringault Stephen (2012) « L'obligation de réserve des agents publics face au devoir de dénonciation d'infractions pénales. Une inadaptation du droit français à la problématique du whistleblowing » : Revue Droit admnistratif n°4, avril 2012, étude 8, p.13.

Articles sur les conflits d'intérêts dans les agences européennes

Article 8879 *« Les lanceurs d'alerte ne sont pas protégés en Union européenne »* du 13 novembre 2013, affaires-strategiques.info

« Alimentation, santé, sécurité : quatre agences européennes épinglées pour conflits d'intérêts », par Bertrand Langlois.AFP, Le Monde.fr avec AFP, 11 octobre 2012 à 18h43.

« Quatre agences européennes épinglées pour conflits d'intérêts » par Benjamin Sourice, publié sur le blog De l'intérêt du conflit, Rue89.

« L'EFSA rattrapée par les conflits d'intérêts », par Béatrice Héraud publié le 11 mai 2012, par novethic.fr.

« Les conflits d'intérêts minent la sécurité alimentaire européenne » par Marine Jobert, le 24 octobre 2013, Journal de l'environnement.net

« Europe : l'Autorité de sécurité alimentaire plombée par les conflits d'intérêts », par Bruno Martrette, publié le 23 octobre 2013 par Pourquoi-docteur. nouvelobs.com.

« Le Médiateur : l'EFSA devrait renforcer ses procédures pour éviter les conflits d'intérêts potentiels des cas de "portes tournantes" », par P. Nikiforos Diamandouros, publié le 14 décembre 2011 EO/11/20

« Sécurité alimentaire européenne : 59 % des experts en conflit d'intérêts, 8 novembre 2013, actuwiki.fr

Documents du Conseil de l'Europe

Projet de recommandation sur la protection des lanceurs d'alerte, Bureau du comité européen de coopération juridique, 93ᵉ réunion, 19-21 juin 2013. Strasbourg, publié le 12 juillet 2013,

Rapport du rapporteur Franceso Crisafulli, Comité européen de coopération juridique (CDCJ) réunion visant à consulter les principales parties prenantes sur la protection des donneurs d'alerte 30-31 mai 2013, Strasbourg publié le 30 juillet 2013, Direction générale Droits de l'Homme et État de droit.

Notes explicatives, Comité européen de coopération juridique (CDCJ) réunion visant à consulter les principales parties prenantes sur la protection des donneurs d'alerte 30-31 mai 2013, Strasbourg publié le 28 mai 2013, Direction générale Droits de l'Homme et Etat de droit.

Communication to the commission, Communication from Vice-President Sefcovic to the commission on Guidelines on Whistleblowing", Brussels, 6.12.2012 SEC2012 679 final.

Assemblée parlementaire, Doc. 12006, 14 septembre 2009, "La protection des "donneurs d'alerte",

Rapport, Commission des questions juridiques et des droits de l'homme, Rapporteur M. Pieter Omtzigt.

Assemblée parlementaire, recommandation 1916 (2010), Protection des « donneurs d'alerte ».

Assemblée parlementaire, Résolution 1729 (2010), Protection des « donneurs d'alerte ».

« La protection des lanceurs d'alerte : rapport d'étude sur la faisabilité d'un instrument juridique sur la protection des employés qui divulguent des informations dans l'intérêt public », Conseil de l'Europe, Strasbourg, 20 décembre 2012, CDCJ 9 fin.

Sites Internet utiles

1/ Institutions officielles
- françaises
  CNIL
    http://www.cnil.fr/
  DIRECTION GÉNÉRALE DU TRÉSOR
    http://www.tresor.economie.gouv.fr
  SCPC
    www.justice.gouv.fr
  TRACFIN
    www.tracfin.bercy.gouv.fr
- étrangères
  EUROJUST (Union européenne)
    www.eurojust.europa.eu

GRECO (Conseil de l'Europe)
    http://www.coe.int/t/dghl/monitoring/greco/
MÉDIATEUR FÉDÉRAL BELGE
    http://www.federaalombudsman.be/fr
OCDE
    www.oecd.org
OLAF (Union européenne)
    www.ec.europa.eu
Public Sector Integrity Commissioner of Canada
    http://www.psic-ispc.gc.ca/fra
ONU (Nations-Unies) www.un.org
PARQUET ANTICORRUPTION ESPAGNOL
    http://www.fiscal.es
SEC (États-Unis)
    www.sec.gov/
SFO (Grande-Bretagne)
    http://www.sfo.gov.uk/
2/ Associations
- françaises
  ANTICOR
    www.anticor.org
  GAFI
    www.fatf-gafi.org
  GRASCO
    grasco.u-strasbg.fr
  IRESCA
    http://www.iresca.net/

MEDEF
 http://www.medef.com/
SECURE FINANCE
 www.secure-finance.com
SHERPA
 www.asso-sherpa.org
TRANSPARENCY INTERNATIONAL FRANCE
 www.transparency-france.org
WE FIGHT CENSORSHIP
 https://www.wefightcensorship.org/
• étrangères
ETHIC INTELLIGENCE
 ethic-intelligence.com
FAIR (Canada)
 http://fairwhistleblower.ca/
GAP (États-Unis)
 www.whistleblower.org/
POGO (États-Unis)
 http://www.pogo.org/
PUBLIC CONCERN AT WORK (Grande-Bretagne)
 www.pcaw.org.uk/
WHISTLEBLOWER NETZWERK (Allemagne)
 http://www.whistleblower-net.de/

TABLE

COMPOSITION MAURY (MALESHERBES)

CET OUVRAGE A ÉTÉ IMPRIMÉ EN FRANCE
PAR CPI BUSSIÈRE
À SAINT-AMAND-MONTROND (CHER)
EN FÉVRIER 2014

N° d'édition : 01. — N° d'impression : 2007885.
Dépôt légal : mai 2014.